Deutsch lernen

von Anfang an

Lern- und Übungsbuch

Die CD wurde produziert von INSIDEaudio (2016).
Sprecherin/Gesang: Kirstin Hesse
Sprecher: Patrick van der Gieth

www.insideaudio.de

Hans-Jürgen van der Gieth:

Deutsch lernen – von Anfang an
Lern- und Übungsbuch

1. Aufl. – Kempen: BVK Buch Verlag Kempen GmbH,
   Mayersche Buchhandlung KG, Aachen, 2016

ISBN 978-3-86740-658-1   Bestell-Nummer: DE99

NE: Deutsch lernen – von Anfang an
     Lern- und Übungsbuch

BVK Buch Verlag Kempen GmbH • St. Huberter Str. 67 • D-47906 Kempen
• Telefon: (0 21 52) 5 29 76 • Telefax: (0 21 52) 5 28 73
• E-Mail: bestellung@buchverlagkempen.de
• Internet: *www.buchverlagkempen.de*

Lektorat: Sandy Willems-van der Gieth, BVK/Ann-Catrin Windler, BVK
Umschlaggestaltung: Laura Dohmen, BVK, unter Verwendung der Bilder:
© Robert Kneschke/Shutterstock.com (Hintergrund),
© eurobanks/Shutterstock.com (Kopfhörer), © Jane Rix/Shutterstock.com (CD)
Layout/Gestaltung: Laura Dohmen, BVK
Bilder: Copyrights zu den Grafiken siehe Umschlaginnenseite hinten
Druck/Bindung: GrafikMediaProduktionsmanagement GmbH, D-Köln

Printed in Europe

Inhaltsverzeichnis

Hallo und guten Tag!

Sie möchten die deutsche Sprache erlernen, um sich in Deutschland möglichst schnell zurechtzufinden und einzuleben. Dieses Buch wird Ihnen dabei helfen. Es ist für Personen gemacht worden, die über keine Deutschkenntnisse verfügen. Dabei ist es für das Selbstlernen geeignet, kann aber auch im Kursunterricht eingesetzt werden. Im Mittelpunkt steht die Vermittlung von Kommunikationskompetenz, wobei zunächst einmal der Erwerb von Begriffen (Nomen) im Vordergrund steht. Einzelheiten zum Umgang mit diesem Buch finden Sie auf der Seite 5 „Hinweise zum Gebrauch dieses Buches".

Das Buch „Deutsch lernen – von Anfang an" ist entstanden in Zusammenarbeit zwischen der Mayerschen Buchhandlung und dem BVK Buch Verlag Kempen. Der BVK gibt seit vielen Jahren Unterrichtsmaterial heraus, bei dem die Leseförderung einen hohen Stellenwert einnimmt. Darüber hinaus veröffentlicht der Verlag ein breitgefächertes Programm an Bilder-, Kinder- und Jugendbüchern. Die Mayersche Buchhandlung verfügt ihrerseits über eine langjährige Erfahrung bei der Vermittlung von Leseverständnis bei Kindern und Jugendlichen. Der Senior-Geschäftsführer der Mayerschen Buchhandlung, Helmut Falter, gründete vor über zehn Jahren beim Rotary Club das Projekt „Lesen lernen – Leben lernen". Bisher wurden durch den Rotary Club in Deutschland über 650 000 Bücher an die Schüler von Grundschulen und Schulen der Sekundarstufe I verteilt. Bei diesen Aktionen war in der Vergangenheit auch der BVK bereits vertreten und trug durch sein Begleitmaterial zu diversen Kinder- und Jugendbüchern sowie durch Buchpublikationen aus dem eigenen Hause zum Erfolg dieser Aktionen bei.

Mayersche und Buch Verlag Kempen wollen nun zeitnah für die große Zahl von Flüchtlingen aller Altersgruppen mit diesem Buch (inkl. CD) geeignetes Lehrmaterial zur Verfügung stellen.

Wir wünschen Ihnen viel Erfolg und Freude beim Deutsch-Lernen!

Helmut Falter   Hans-Jürgen van der Gieth

PS: Schließlich möchten wir Ihnen noch eine Anregung geben: Halten Sie Ihre Erlebnisse und Erfahrungen in Deutschland in einem persönlichen Tagebuch fest.

Symbole:

 hören

 sprechen

 schreiben

Hinweise zum Gebrauch dieses Buches

In neun Kapiteln zu verschiedenen (Alltags)-Themen werden Ihnen die Grundlagen der deutschen Sprache nähergebracht. Viele Inhalte werden über **Fotos** vermittelt. Wichtig ist, immer ein **Wörterbuch** zur Hand zu haben, mit dessen Hilfe Sie schnell einzelne Wörter in Ihre Sprache übersetzen können. In diesem Buch sind alle Darstellungen bewusst nur in deutscher Sprache enthalten.

Sinnvoll ist die Arbeit mit der beiliegenden **CD.** Hier lernen Sie die korrekte Aussprache kennen und können kombinierte Übungen von Buch und CD ausführen. Im Buch ist mit diesem Symbol 💿 gekennzeichnet, welchen Track auf der CD Sie hierzu hören sollen.

Viel Wert legen sollten Sie auf das **Üben.** Nutzen Sie die angebotenen Übungen im Buch sowie auf der angegebenen Internetseite.

Bevor Sie mit der Bearbeitung der einzelnen Kapitel beginnen, sollten Sie sich mit dem Alphabet intensiv beschäftigen (s. S. 11). Auch hier hilft die CD.

Zu den einzelnen Rubriken des Buches:

Themenkarte: Einführung in das Thema. Sie enthält bereits wichtige Vokabeln.

Vokabeln: Weitere Wörter, die für das Verständnis der Texte dieses Kapitels wichtig sind, werden hier vorgestellt.

Gespräch: Hier werden Kommunikationssituationen zum Thema des Kapitels dargestellt.

Deutsch-Wissen: Theoretisches Wissen zu ausgewählten Themen bzw. „Schwierigkeiten" der deutschen Sprache ist hier enthalten. Die Bearbeitung dieser Rubrik hängt stark vom Vorwissen des Lernenden ab.

Übungen: Ausgewählte Übungen zu den wichtigsten Aspekten des Kapitels werden hier angeboten. Immer wieder wird hier auch auf bereits Gelerntes aus vorherigen Kapiteln zurückgegriffen oder ein Thema noch einmal aufgegriffen.

Unter *www.buchverlagkempen.de/shop/Sekundarstufe/Deutsch/DaZ* finden Sie weitere Übungen zum kostenlosen **Download.**

Deutschland-Info: Diese Rubrik enthält Wissenswertes und Interessantes, das man über Deutschland wissen sollte. Hier muss manchmal das Verständnis des Textes vor allem mit Hilfe des Wörterbuches erarbeitet werden.

Tipps: Im Buch verteilt werden Ihnen Hinweise, Ratschläge, Verhaltensregeln, kurz „Tipps" eben, an die Hand gegeben, um das Leben in Deutschland besser zu verstehen und sich im Land und mit den Menschen besser zurechtzufinden.

Empfehlenswert ist das Lernen von Vokabeln und Deutsch-Regeln mit Hilfe einer **Lernkartei.** Wie Sie sich selbst eine solche Kartei anlegen und mit ihr lernen können, erfahren Sie auf unserer Homepage:
www.buchverlagkempen.de/shop/Sekundarstufe/Deutsch/DaZ/Lernkartei

Hello!

You would like to learn German in order to communicate and find your way around Germany as quickly as possible? This book will help you! It was made for people who neither speak nor understand German. You can easily use it for autodidactic purposes but it is also suitable for general German lessons. The main aspect of the book is the improvement of one's communication skills. You can find details on how to use this book properly on pages 5 and 6.

The book "Deutsch lernen – von Anfang an" was developed within a cooperation between Mayersche Buchhandlung and BVK Buch Verlag Kempen. BVK is a publishing house which has been working to promote people's reading skills for many years now. Moreover, the publishing house offers a huge variety of picture books, children's books and youth novels. Mayersche Buchhandlung, likewise, has many years of experience in promoting children's and young people's reading comprehension. More than ten years ago, Helmut Falter, Senior Executive of Mayersche Buchhandlung, founded the project "Lesen lernen – Leben lernen" (engl.: "Learn to read – learn to live") at Rotary. Rotary is an organization run by key businessmen who are committed to the service of others, promote high ethical standards in all professional fields, and aim at spreading good will and freedom throughout the world. So far, Rotary has managed to donate more than 650 000 books to pupils in elementary schools and Sekundarstufe I. BVK has been involved in these campaigns and supported the project with several of their own children's books and accompanying teaching material. Mayersche Buchhandlung and BVK now aim at helping the huge numbers of refugees of all age groups and hope to offer them good support with this book and its CD.

We hope to offer a good start into learning German!

Helmut Falter   Hans-Jürgen van der Gieth

P.S. We have one more suggestion for you: Keep a personal diary about everything you experience in Germany!

Symbole:

 listen

 speak

 write

How to use this book:

In nine chapters about different (everyday life) topics, you will be given an understanding of the basics of the German language. A lot of the content will be conveyed through **pictures.** It is important to always have a **dictionary** at hand, which you can use to quickly translate certain words into your own language. In this book, we have chosen to only use the German language.

It is highly recommended to also work with the attached **CD.** It will show you the correct pronunciation and you will be able to combine some of the exercises in the book with the tracks on the CD. This symbol 🔴 will show you exactly which track on the CD you will need for the particular exercise.

Never underestimate the **importance of practicing!** You should use the exercises in the book as well as the ones on the provided website.

Before you start working on the different chapters, remember to take a good look at the alphabet and all the explanations concerning the right pronunciation (p. 11). The CD can help you here as well.

About the different categories of this book:

Themenkarte: Introduction to the topic. It already contains important vocabulary.

Vokabeln: More words that will be important for understanding the texts in this chapter.

Gespräch: Here you will find communication situations concerning the topic of the chapter.

Deutsch-Wissen: Theoretical knowledge about certain topics or "difficulties" of the German language. Depending on the learner's prior knowledge, this category can be rather difficult.

Übungen: Here you will find exercises dealing with the most important aspects of each chapter. Topics and main aspects of previous chapters will be picked up from time to time.

At *www.buchverlagkempen.de/shop/Sekundarstufe/Deutsch/DaZ* you will find more exercises that can be downloaded for free.

Deutschland-Info: This category offers interesting information on Germany as a country and its culture. You might need a dictionary to understand all the details.

Tipps: Throughout the book you will be given hints, advice, guidelines and codes of conduct that will help you understand life in Germany a little better.

It is recommended to learn vocabulary and German grammar rules with the help of a learning card index. On our homepage you can see how to create such an index and how to study with it: *www.buchverlagkempen.de/shop/Sekundarstufe/Deutsch/DaZ/Lernkartei*

Salut et bonjour!

Vous souhaitez apprendre l'allemand afin de vous orienter et vous adapter assez rapidement dans un nouvel environnement? Ce guide est fait pour vous. Il est destiné à tous ceux qui ne possèdent aucune connaissance de la langue allemande et qui voudraient l'apprendre soit individuellement, soit dans le cadre d'un cours collectif.

Le développement des compétences en matière de communication représente la plus grande partie du travail. Vous trouverez de plus amples détails sur l'utilisation de ce guide aux pages 5 et 6 du livre, intitulées: «Précisions concernant l'utilisation de ce guide».

Le livre «Deutsch lernen – von Anfang an» est le fruit de la coopération entre la librairie «Mayersche Buchhandlung» et la maison d'édition «BVK. Buch Verlag Kempen». Cela fait plusieurs années que la BVK publie du matériel pédagogique afin d'encourager la lecture.

La maison propose également un important catalogue de livres pour enfants et jeune public ainsi que des livres d'images. La librairie «Mayersche» possède quant à elle beaucoup d'expérience dans l'apprentissage de méthodes de lecture pour les enfants et les jeunes. Il y a dix ans le directeur-senior de la «Mayersche», Helmut Falter, avait créé le projet «Lesen lernen – Leben lernen» avec le Rotary Club. Il s'agit d'une organisation mondiale, altruiste et humanitaire. Ses membres ont pour vocation d'aider leur prochain, d'aider à améliorer les principes éthiques dans chaque profession et de diffuser l'idée d'un monde en paix.

Jusqu'à ce jour, le Rotary Club a distribué 650 000 livres à des élèves d'école primaire et de collèges en Allemagne. La BVK avait déjà participé à ces actions et avait contribué à leur succès, grâce à son matériel pédagogique, ses livres pour enfants et pour les jeunes, et à leurs propres publications.

La librairie «Mayersche» et la maison «BVK» veulent à présent mettre le guide «Deutsch lernen – von Anfang an» à disposition du grand nombre de réfugiés, quel que soit leur âge.

Nous vous souhaitons beaucoup de succès et de plaisir dans l'apprentissage de la langue allemande!

Helmut Falter   Hans-Jürgen van der Gieth

P-S. Pour terminer, nous aimerions vous donner un dernier conseil: Notez bien vos résultats et vos expériences en Allemagne dans un journal personnel.

Symbole:

 écouter

 parler

 écrire

Précisions concernant l'utilisation de ce guide:

A travers neuf chapitres qui traitent de sujets quotidiens, vous apprendrez la base de la langue allemande. Beaucoup de contenu est transmis par des **images.** Il est très important d'avoir toujours un **dictionnaire** à portée de main lorsque vous travaillez avec ce livre, afin de pouvoir traduire rapidement quelques mots dans votre langue. Dans ce guide, toutes les illustrations sont volontairement en langue allemande.

Grâce au **CD** qui l'accompagne, vous pouvez apprendre la prononciation et faire les exercices du livre et du CD en même temps. On utilise le symbole ⊙ dans le guide pour indiquer la piste du CD qui correspond à l'exercice du livre.

Vous devez accorder beaucoup d'attention à **l'entrainement.** Suivez bien les exercices qui vous sont proposés dans le livre ou sur les sites indiqués.

Avant de vous attaquer aux différents chapitres, vous devez bien travailler l'alphabet et la bonne prononciation (voici les pages 11). Le CD est là pour vous aider dans ce sens.

Concernant les différentes rubriques du guide:

Themenkarte: Introduction au thème. Elle comprend déjà du vocabulaire important.

Vokabeln: D'autres mots, importants pour la compréhension le texte de ce chapitre sont présentés ici.

Discussion: Des situations de communication liées au thème du chapitre sont décrites ici.

Deutsch-Wissen: Vous apprendrez ici la connaissance théorique de quelques sujets ou «difficultés» de la langue allemande. Le traitement de cette rubrique est bien différent de ce qui a été vu jusqu'ici par l'apprenant.

Übungen: Des exercices sélectionnés reprenant les aspects les plus importants du chapitre sont proposés ici. A nouveau ici, on revient à ce qui a déjà été vu dans les chapitres précédents ou qui s'inspire d'un même thème.

Vous trouverez d'autres exercices à télécharger gratuitement sur:
www.buchverlagkempen.de/shop/Sekundarstufe/Deutsch/DaZ

Deutschland-Info: Cette rubrique regroupe les informations qu'il faut savoir connaitre et qui sont dignes d'intérêt sur le quant au pays et à la culture allemande. Vous devrez vous reporter à votre dictionnaire pour bien comprendre les textes de cette rubrique.

Tipps: Tout au long du livre, des indications, des conseils, des règles de conduite, de petits «tips» vous seront donnés pour mieux comprendre la vie en Allemagne, et pour mieux vous adapter au pays et aux gens.

Il est recommandé d'apprendre le vocabulaire et les règles de grammaire allemandes à l'aide d'une «Lernkartei». Vous apprendrez comment vous créer ce genre de fiche vous-même et comment l'utiliser sur notre page d'accueil:
www.buchverlagkempen.de/shop/Sekundarstufe/Deutsch/DaZ/Lernkartei

Buchstaben, Laute und Silben

Buchstaben

5 Vokale	21 Konsonanten	3 Umlaute	1 Sonderzeichen
Aa, Ee, Ii, Oo, Uu	Bb, Cc, Dd, Ff, Gg, Hh, Jj, Kk, Ll, Mm, Nn, Pp, Qq, Rr, Ss, Tt, Vv, Ww, Xx, Yy, Zz	Ää, Öö, Üü	ß

Laute

Der Laut ist die kleinste Einheit der gesprochenen Sprache.
Es gibt:

Anlaute	Auslaute	Inlaute
Bein	Beine	Beine

Wir unterscheiden

Kurzlaute	Langlaute
offen, Gasse	Ofen, Gase

Laute sind:

stimmhaft	stimmlos
a, e, i, o, u / b, d, f	g, h, p, sch, ss

Silben

Silben sind die kleinste Lautgruppe:
Mut - ter, Va - ter, lau - fen, ge - hen, la - chen

Die richtige Aussprache

Track 1

Wörter werden oft gesprochen wie geschrieben. Lesen Sie und sprechen
Sie nach: Le - ben, Ster - ne, Hun - de, Re - gal, La - ge, Ros - ma - rin,
Lieb - lings - lied, Weih - nachts - fei - er

Es wird aber nicht immer so geschrieben, wie wir sprechen:
z. B.: Volk   –   Folklore   –   Vulkan

✏	👄		✏	👄		✏	👄
A a	a		**K k**	ka		**U u**	u
B b	bee		**L l**	ell		**V v**	fau
C c	zee		**M m**	em		**W w**	wee
D d	dee		**N n**	en		**X x**	iks
E e	e		**O o**	o		**Y y**	üpsilon
F f	eff		**P p**	pee		**Z z**	zett
G g	gee		**Q q**	ku		**Ä ä**	ä
H h	ha		**R r**	er		**Ö ö**	ö
I i	i		**S s**	es		**Ü ü**	ü
J j	jott		**T t**	tee		**ß**	eszett

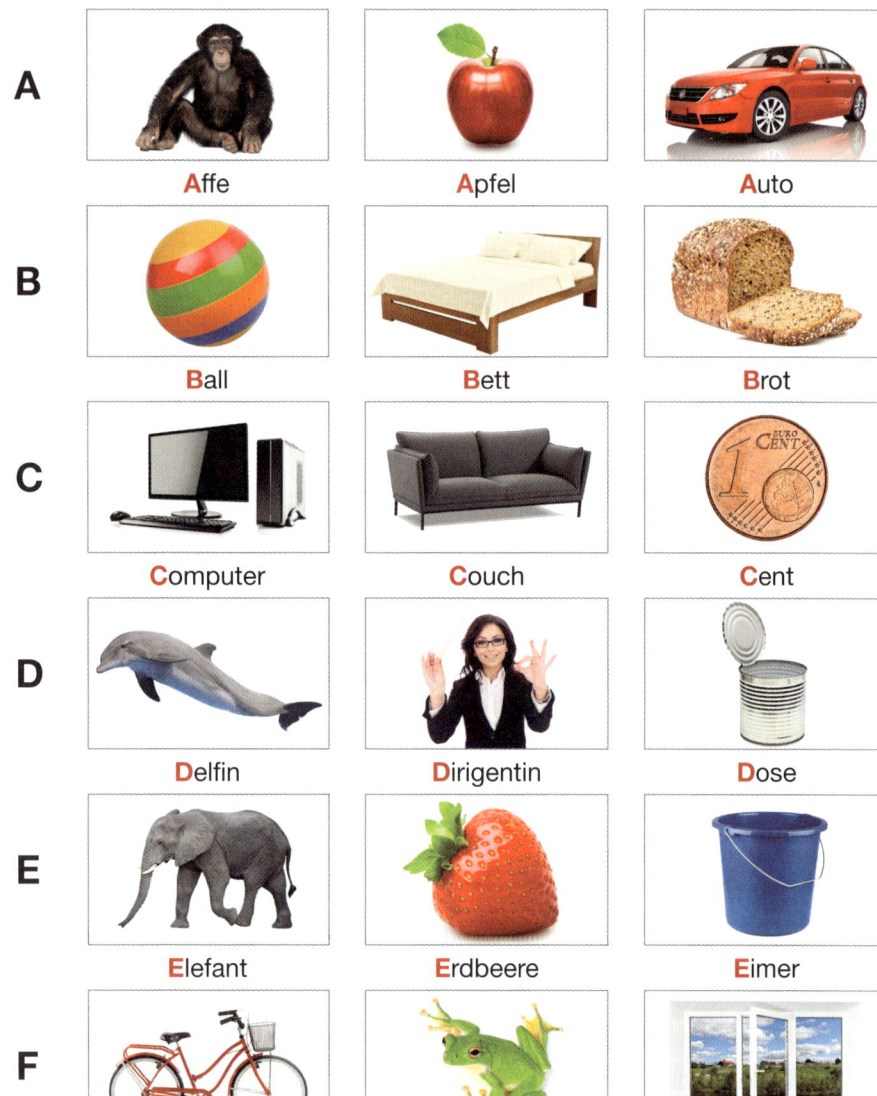

Das Alphabet

A

Affe

Apfel

Auto

B

Ball

Bett

Brot

C

Computer

Couch

Cent

D

Delfin

Dirigentin

Dose

E

Elefant

Erdbeere

Eimer

F

Fahrrad

Frosch

Fenster

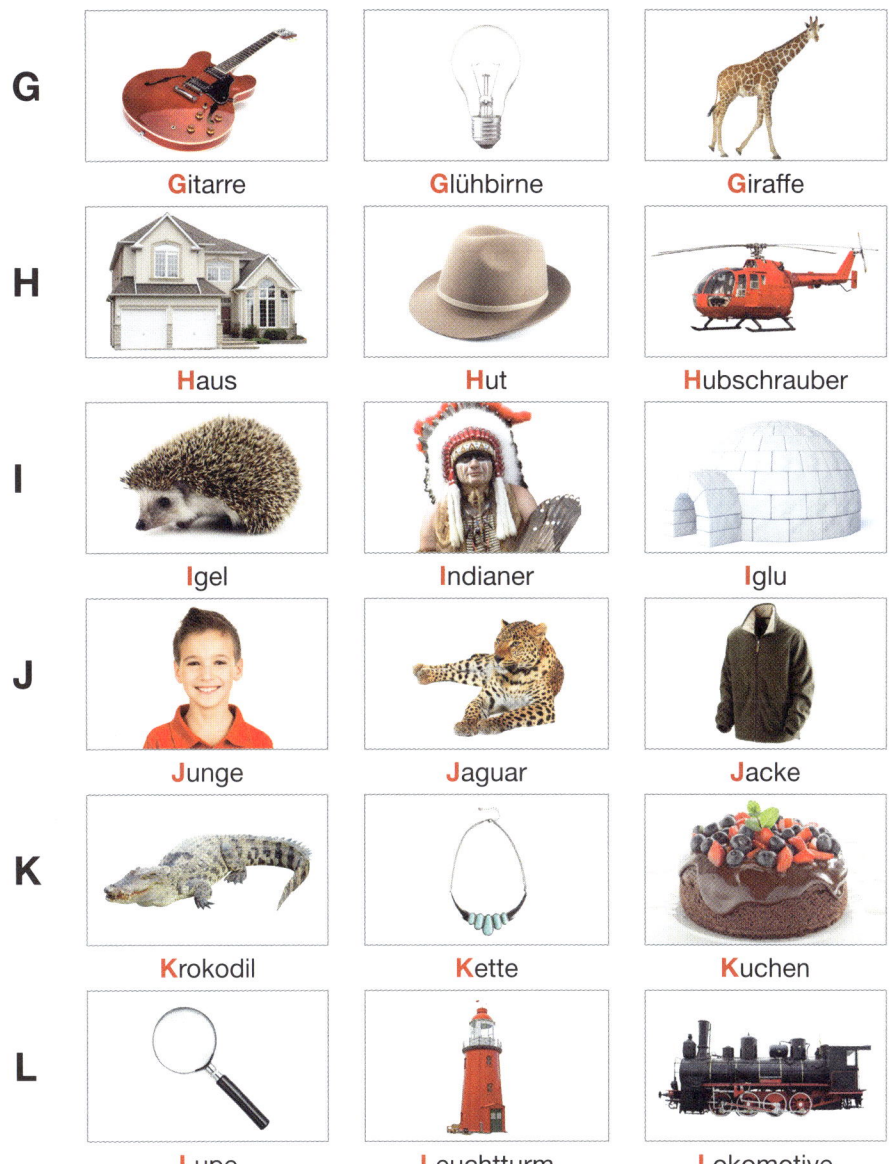

G Gitarre · Glühbirne · Giraffe

H Haus · Hut · Hubschrauber

I Igel · Indianer · Iglu

J Junge · Jaguar · Jacke

K Krokodil · Kette · Kuchen

L Lupe · Leuchtturm · Lokomotive

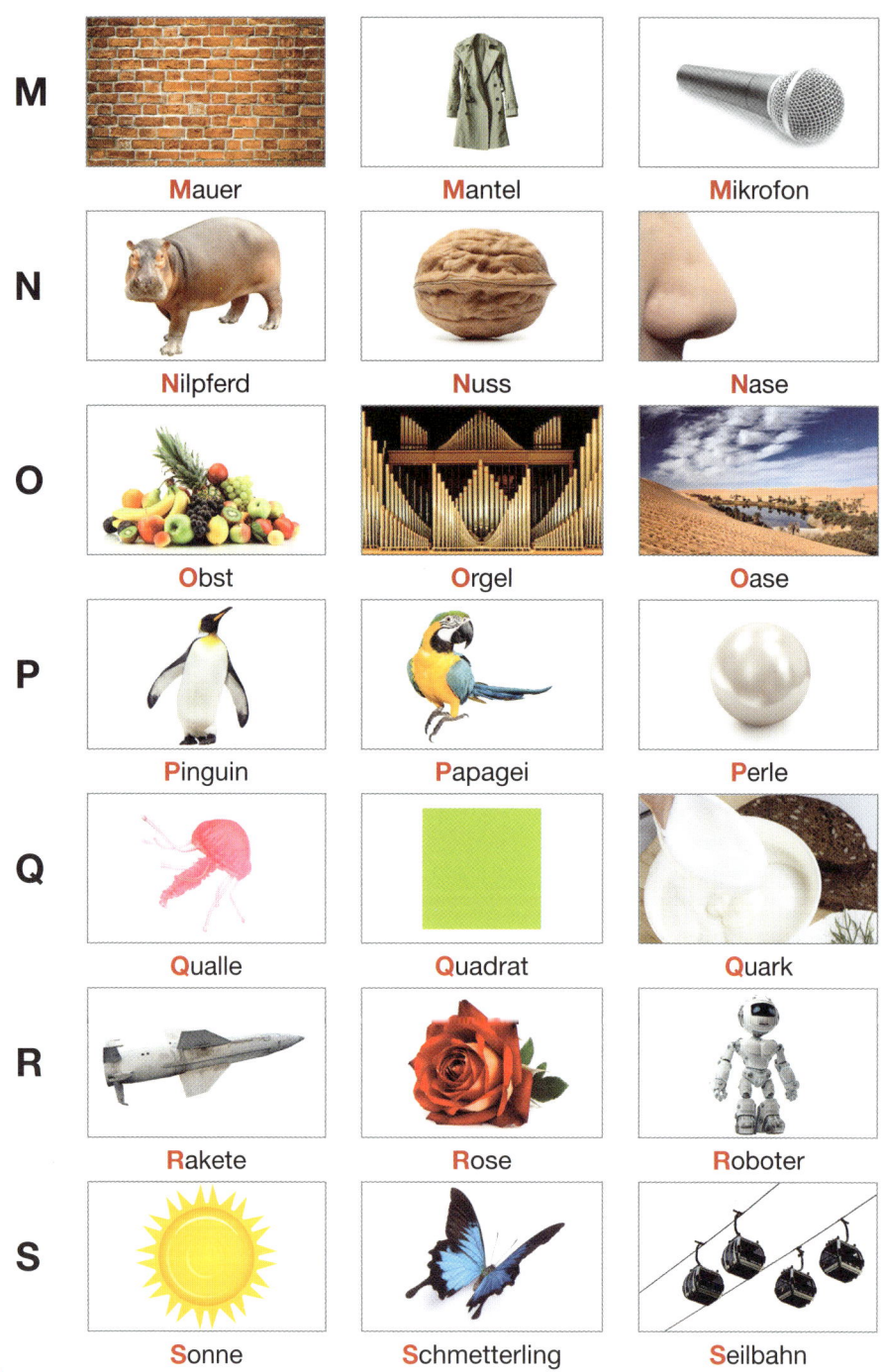

M Mauer   Mantel   Mikrofon

N Nilpferd   Nuss   Nase

O Obst   Orgel   Oase

P Pinguin   Papagei   Perle

Q Qualle   Quadrat   Quark

R Rakete   Rose   Roboter

S Sonne   Schmetterling   Seilbahn

T	 **T**omate	 **T**elefon	 **T**attoo
U	 **U**hr	 **U**rkunde	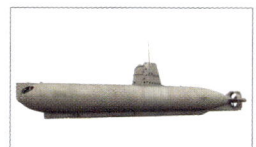 **U**-Boot
V	 **V**ogel	 **V**ase	 **V**ulkan
W	  **W**ald	 **W**al	 **W**olke
X	 **X**ylofon	 **X**XL	 **X**enon-Licht
Y	 **Y**ak	**Y**oga	**Y**acht
Z	 **Z**ahl	 **Z**ahn	**Z**eitung

a	R**a**d	
b	Kor**b**	
c	Bu**c**h	
d	Klei**d**	
e	Ig**e**l	
f	Sei**f**e	
g	Re**g**en	
h	Ku**h**	
i	T**i**ger	
j	Bo**j**e	

k	Lo**k**omotive	
l	Mi**l**ch	
m	Tur**m**	
n	Ha**n**d	
o	T**o**r	
p	Kom**p**ass	
q	Ä**q**uator	
r	Paa**r**	
s	Bu**s**	
t	Hu**t**	

u	H**u**nd	
v	Kla**v**ier	
w	Sch**w**an	

x	A**x**t	
y	Hand**y**	
z	Kat**z**e	

Umlaute:

Ä	**Ä**rztin	
ä	B**ä**cker	
Ö	**Ö**l	
ö	L**ö**we	
Ü	**Ü**ber-wachung	
ü	B**ü**rste	

Doppellaute:

au	T**au**be	
äu	M**äu**se	
eu	Fr**eu**nde	
ei	G**ei**er	
ai	M**ai**s	

Hören Sie und zeigen Sie auf das richtige Bild. Sprechen Sie das Wort nach und schreiben es:

Ampel

_____

Auto

_____

Anker

_____

Bett

_____

Brief

_____

Baum

_____

Erde

_____

Euro

_____

Elefant

_____

Nuss

_____

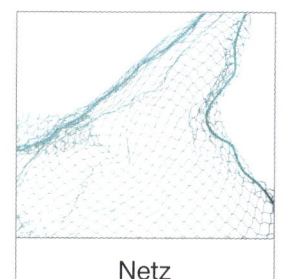

Netz

_____

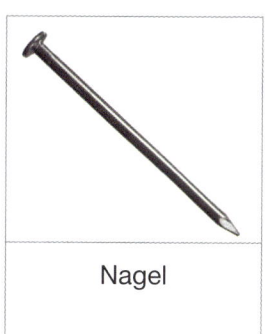

Nagel

_____

Mantel

_____

Motorboot

_____

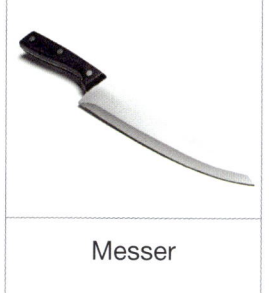

Messer

_____

Pokal

_____

Portmonee

_____

Pfanne

_____

Themenkarte

Track 6

Ich heiße Valeria.

Hallo! Guten Tag!

Auf Wiedersehen!
Tschüss!

Vokabeln

Track 7

Hallo		Düsseldorf	
guten Morgen		München	
guten Tag		Beruf	
guten Abend		Vater	
gute Nacht		Mutter	
Deutschland		Sekretärin	

Ein Gespräch

Hallo!

Hallo!

Guten Morgen.

Guten Morgen.

Wie geht es Ihnen?

Danke, gut. Und Ihnen?

Mir geht es gut.

Auf Wiedersehen.

Tschüss.

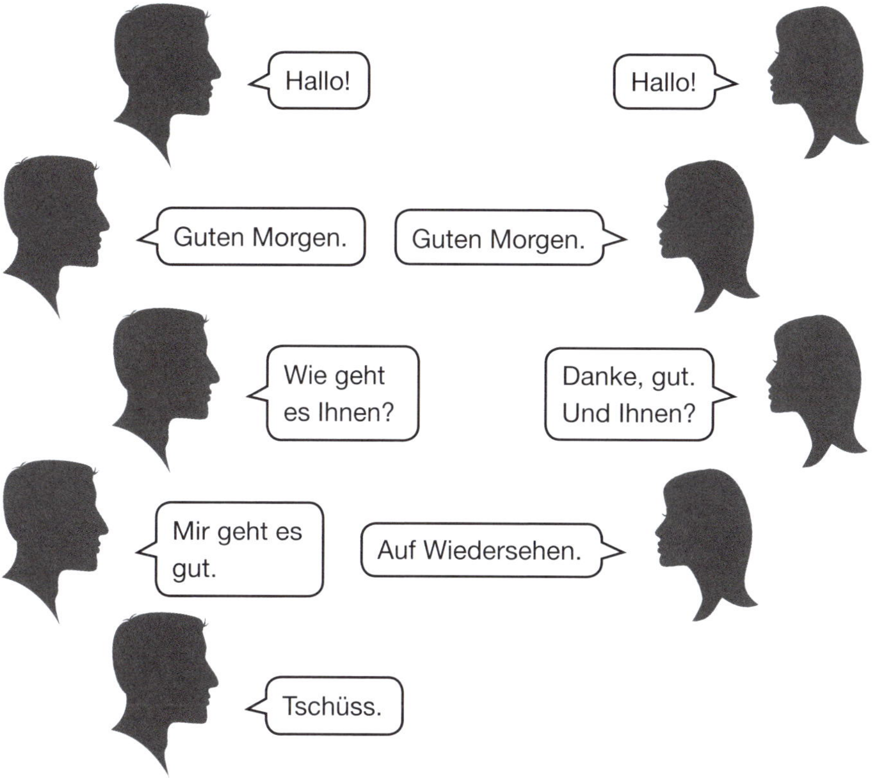

Hören Sie und sprechen Sie nach!

 Track 9

Hallo!	tschüss
guten Morgen	Deutschland
guten Tag	Düsseldorf
guten Abend	München
gute Nacht	Beruf
auf Wiedersehen	Sekretärin

Hören Sie, lesen Sie mit und schreiben Sie.

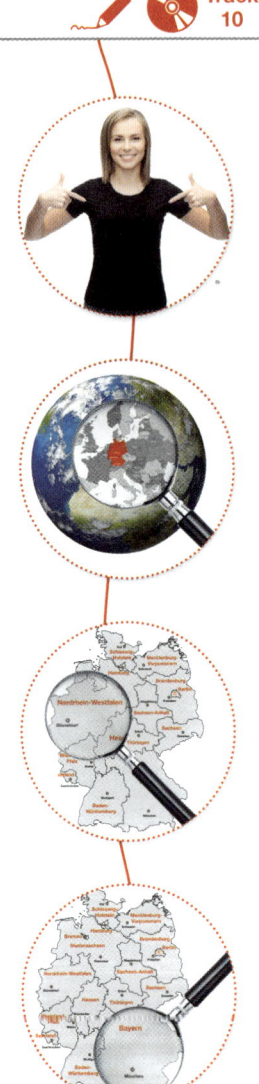

Hallo und guten Tag!
Mein Name ist Valeria.
Wie heißen Sie?

Mein Name ist _____ .

Ich komme aus Deutschland.
Woher kommen Sie?

Ich komme aus _____ .

Ich wohne in Düsseldorf.
Wo wohnen Sie?

Ich wohne in _____ .

Ich wurde in München geboren.
Wo wurden Sie geboren?

Ich wurde in _____ geboren.

Mein Beruf ist Sekretärin.
Welchen Beruf haben Sie?

Ich bin von Beruf _____ .

STECKBRIEF

Name: _____

Vorname: _____

geboren in: _____

geboren am: _____

Beruf: _____

Wohnort: _____

Land: _____

Foto

Mein Tag

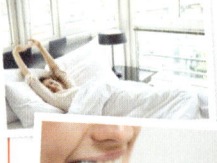

07:00 Uhr aufwachen

07:10 Uhr Zähne putzen

07:30 Uhr frühstücken

08:00 Uhr zur Arbeit fahren

09:00 Uhr im Büro arbeiten

17:00 Uhr Sport im Fitness-Studio

20:15 Uhr Fernsehen schauen

22:00 Uhr abschminken

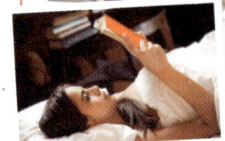

22:30 Uhr im Bett lesen

 **Track 12**

ein Uhr

zwei Uhr

drei Uhr

vier Uhr

fünf Uhr

sechs Uhr

sieben Uhr

acht Uhr

neun Uhr

zehn Uhr

elf Uhr

zwölf Uhr

fünf vor sechs

fünf nach sechs

zehn vor vier

zehn nach vier

viertel vor drei

viertel nach drei

zwanzig vor elf

zwanzig nach elf

fünf vor halb acht

fünf nach halb acht

halb eins

halb neun

Info: Die Zahlen

Track 13

1 = eins	26 = sechsundzwanzig	43 = dreiundvierzig
2 = zwei	27 = siebenundzwanzig	44 = vierundvierzig
3 = drei	28 = achtundzwanzig	45 = fünfundvierzig
4 = vier	29 = neunundzwanzig	46 = sechsundvierzig
5 = fünf	30 = dreißig	47 = siebenundvierzig
6 = sechs	31 = einunddreißig	48 = achtundvierzig
7 = sieben	32 = zweiunddreißig	49 = neunundvierzig
8 = acht	33 = dreiunddreißig	50 = fünfzig
9 = neun	34 = vierunddreißig	60 = sechzig
10 = zehn	35 = fünfunddreißig	70 = siebzig
11 = elf	36 = sechsunddreißig	80 = achtzig
12 = zwölf	37 = siebenunddreißig	90 = neunzig
13 = dreizehn	38 = achtunddreißig	100 = einhundert
14 = vierzehn	39 = neununddreißig	101 = einhunderteins
15 = fünfzehn	40 = vierzig	110 = einhundertzehn
16 = sechzehn	41 = einundvierzig	200 = zweihundert
17 = siebzehn	42 = zweiundvierzig	1 000 = eintausend
18 = achtzehn		
19 = neunzehn		
20 = zwanzig		
21 = einundzwanzig		
22 = zweiundzwanzig		
23 = dreiundzwanzig		
24 = vierundzwanzig		
25 = fünfundzwanzig		

Hallo, ich bin Valeria.

Hallo!

Wie heißt du?

Ich heiße Christian.

Woher kommst du?

Ich komme aus Hamburg.

Übung

Wie heißt du?
Ich heiße _____ .

Woher kommst du?
Ich komme aus _____ .

Wo wurdest du geboren?
Ich wurde in _____ geboren .

Wo wohnst du?
Ich wohne in _____ .

Ich bin 25 Jahre alt. Wie alt bist du?

Ich bin _____ Jahre alt.

Mein Vater ist 50 Jahre alt. Wie alt ist dein Vater?

Mein Vater ist _____ Jahre alt.

Meine Mutter ist 48 Jahre alt. Wie alt ist deine Mutter?

Meine Mutter ist _____ Jahre alt.

Das ist die Bundesrepublik Deutschland (siehe Karte)!
Die Fläche beträgt 357 340 km².
In Deutschland leben über 81 Millionen Menschen.
Die Hauptstadt ist Berlin.
Die Grenzen Deutschlands:

im Norden: die Nordsee und die Ostsee / Dänemark

im Osten: Polen und Tschechien

im Süden: Österreich und die Schweiz

im Westen: Frankreich / Luxemburg / Belgien und die Niederlande

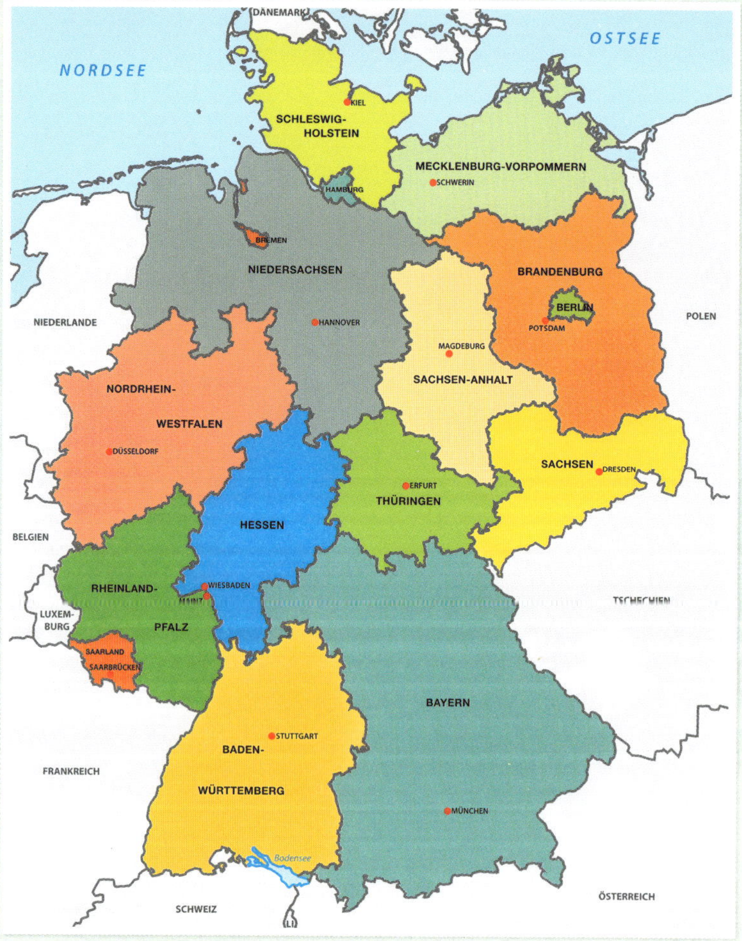

DÄNEMARK

NORDSEE

OSTSEE

KIEL

SCHLESWIG-HOLSTEIN

MECKLENBURG-VORPOMMERN

HAMBURG

SCHWERIN

BREMEN

NIEDERSACHSEN

BRANDENBURG

NIEDERLANDE

HANNOVER

BERLIN

POTSDAM

POLEN

MAGDEBURG

NORDRHEIN-WESTFALEN

SACHSEN-ANHALT

DÜSSELDORF

SACHSEN

DRESDEN

ERFURT

THÜRINGEN

BELGIEN

HESSEN

RHEINLAND-PFALZ

WIESBADEN

MAINZ

LUXEM-BURG

TSCHECHIEN

SAARLAND

SAARBRÜCKEN

BAYERN

STUTTGART

BADEN-WÜRTTEMBERG

MÜNCHEN

FRANKREICH

Bodensee

SCHWEIZ

ÖSTERREICH

Berlin

Fläche: 892 km^2

Einwohnerzahl: 3,5 Millionen

Berlin ist Bundeshauptstadt und Bundesland der Bundesrepublik Deutschland.

Brandenburger Tor

Fernsehturm

Kaiser-Wilhelm-Kirche

Reichstag

Schloss Charlottenburg

Themenkarte

Track 16

die Großmutter

die Mutter

die Schwester

der Großvater

der Vater

der Bruder

der Junge,
das Mädchen

die Familie

die Großfamilie

Vokabeln

Tochter		Schwieger-mutter	
Sohn		Großeltern Enkelkinder	

Ein Gespräch

Guten Tag.

Guten Tag.

Wie heißen Sie?

Mein Name ist Nadim.

Woher kommen Sie?

Ich komme aus Aleppo. Das ist eine Stadt in Syrien.

Sind Sie alleine in Deutschland?

Nein, meine Familie ist auch hier.

Wer gehört zu Ihrer Familie?

Das sind meine Frau Namika, mein Sohn Karim, meine Tochter Rana, meine Schwiegertochter Sahar und mein Enkelkind Amir.

31

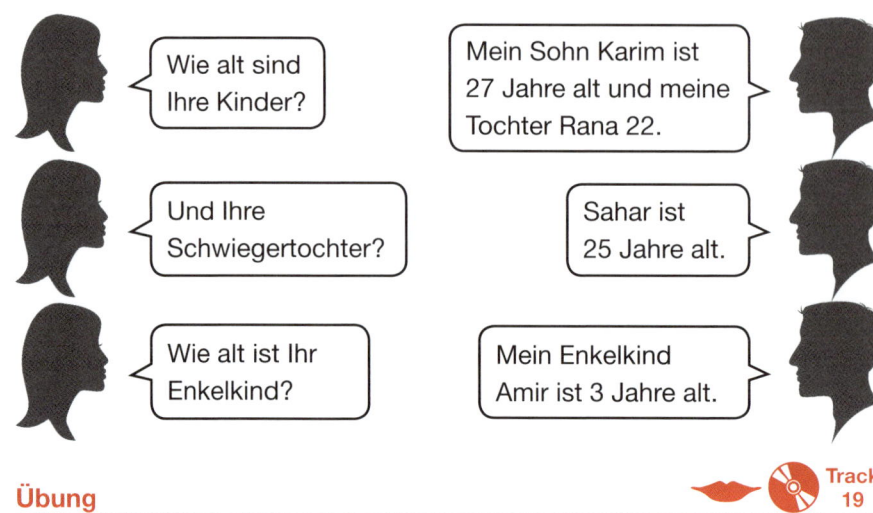

Wie alt sind Ihre Kinder?

Mein Sohn Karim ist 27 Jahre alt und meine Tochter Rana 22.

Und Ihre Schwiegertochter?

Sahar ist 25 Jahre alt.

Wie alt ist Ihr Enkelkind?

Mein Enkelkind Amir ist 3 Jahre alt.

Übung

Track 19

Hören Sie und sprechen Sie langsam nach.

meine Familie	Mein Sohn ist 27 Jahre alt.
meine Frau Namika	Meine Tochter ist 22 Jahre alt.
mein Sohn Karim	Meine Schwiegertochter ist 25 Jahre alt.
meine Tochter Rana	Mein Enkelkind ist 3 Jahre alt.
meine Schwiegertochter Sahar	Meine Familie kommt aus Aleppo in Syrien.
mein Enkelkind Amir	

Richtig oder falsch?

	🙂	🙁
Die Familie kommt aus Aleppo.		
Aleppo ist eine Stadt in Syrien.		
Hans hat zwei Enkelkinder.		
Sein Sohn ist 28 Jahre alt.		
Seine Tochter ist 22 Jahre alt.		
Seine Schwiegertochter ist 35 Jahre alt.		

Bestimmte Artikel

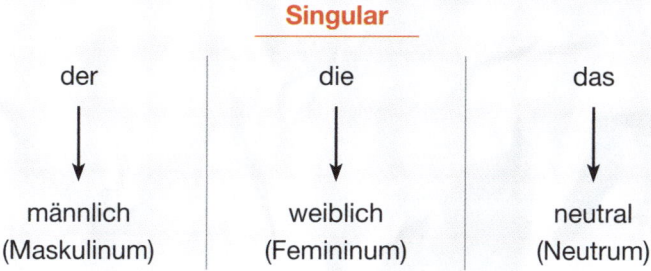

Singular

der	die	das
↓	↓	↓
männlich (Maskulinum)	weiblich (Femininum)	neutral (Neutrum)

Plural

die

männlich (Maskulinum)	weiblich (Femininum)	neutral (Neutrum)

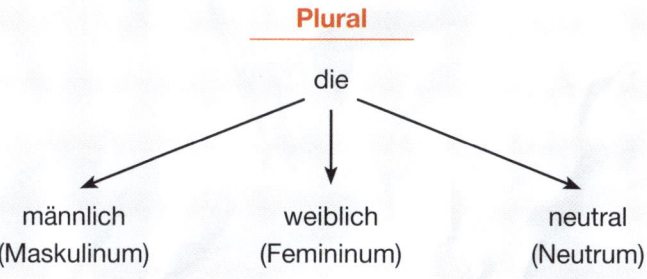

der Mann	männlich	Maskulinum
die Frau	weiblich	Femininum
das Kind	sächlich	Neutrum

Männliche Artikel bei:
der Vater, der Großvater, der Bruder, der Junge, der Freund

Weibliche Artikel bei:
die Mutter, die Großmutter, die Schwester, die Freundin

Sächliche Artikel bei:
das Kind, das Mädchen, das Haus

Deklination des Artikels

Singular

	Maskulinum	**Femininum**	**Neutrum**
Nominativ	der Mann	die Frau	das Kind
Genitiv	des Mannes	der Frau	des Kindes
Dativ	dem Manne	der Frau	dem Kind(e)
Akkusativ	den Mann	die Frau	das Kind

Plural

	Maskulinum	**Femininum**	**Neutrum**
Nominativ	die Männer	die Frauen	die Kinder
Genitiv	der Männer	der Frauen	der Kinder
Dativ	den Männern	den Frauen	den Kindern
Akkusativ	die Männer	die Frauen	die Kinder

Jedes Nomen hat einen Artikel.

Track 20

der Fernseher

das Handy

die Waschmaschine

die Mikrowelle

das Computerspiel

der Kühlschrank

Deutsch-Wissen:

Unbestimmte Artikel

ein, eine, einem, einen, einer, eines

ein Mensch	männlich	Maskulinum
eine Frau	weiblich	Femininum
ein Kind	sächlich	Neutrum

Deklination des unbestimmten Artikels

Singular

	Maskulinum	**Femininum**	**Neutrum**
Nominativ	ein Mensch	eine Frau	ein Kind
Genitiv	eines Menschen	einer Frau	eines Kindes
Dativ	einem Menschen	einer Frau	einem Kind(e)
Akkusativ	einen Menschen	eine Frau	ein Kind

Plural

Es gibt keinen Plural beim unbestimmten Artikel.

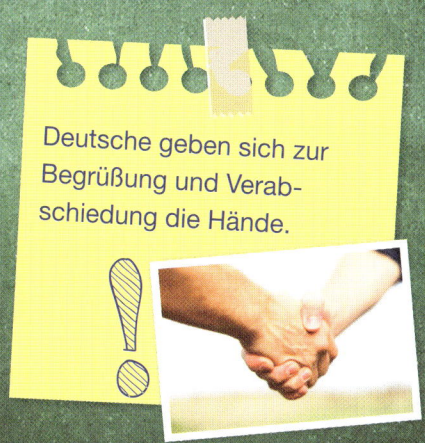

Deutsche geben sich zur Begrüßung und Verabschiedung die Hände.

Hören Sie und sprechen Sie nach. Schreiben Sie den richtigen Artikel
(der – die – das) vor das Nomen!

| _____ Regenschirm | _____ Kellner | _____ Sofa |

| _____ Schule | _____ Busfahrer | _____ Bild |

| _____ Wolken | _____ Zug | _____ Computer |

| _____ Geld | _____ Lampe | _____ Klavier |

_____ Rad	_____ Koffer	_____ Papier
_____ Obst	_____ Schreibtisch	_____ Bleistift
_____ Geburtstag	_____ Straße	_____ Pferd
_____ Pass	_____ Wald	_____ Rucksack

Übung

Track 22

Hören Sie, zeigen Sie auf das richtige Foto und schreiben Sie.

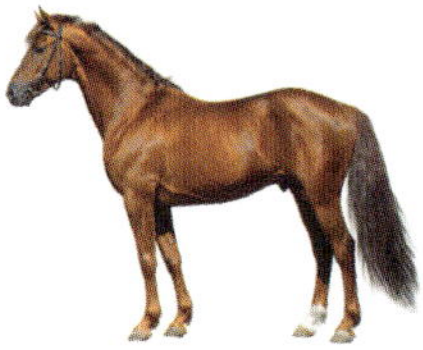	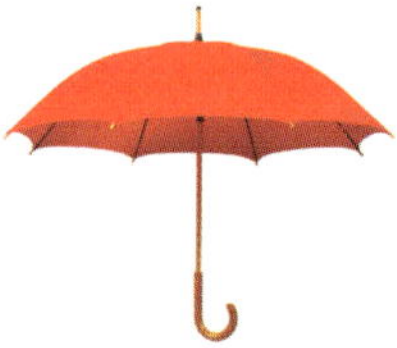	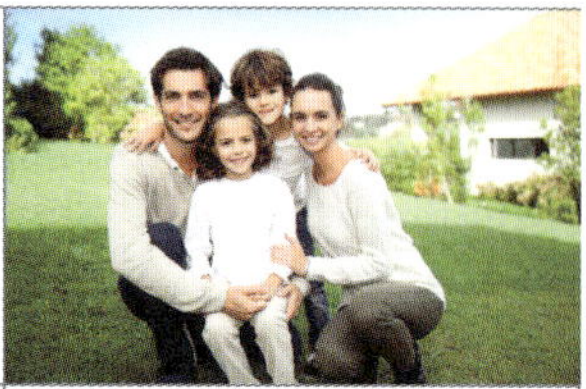
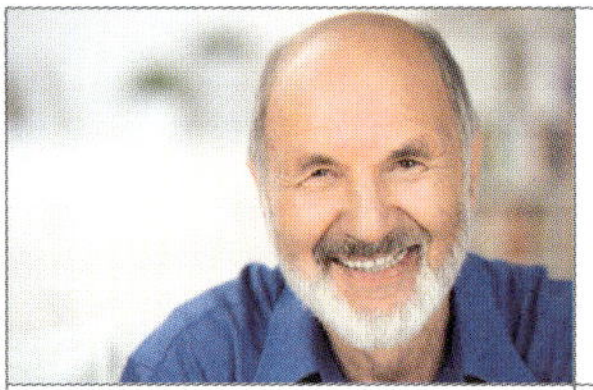	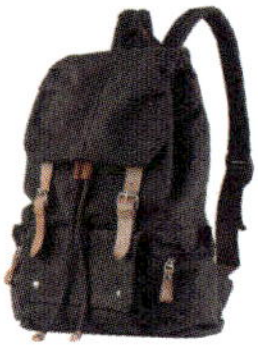	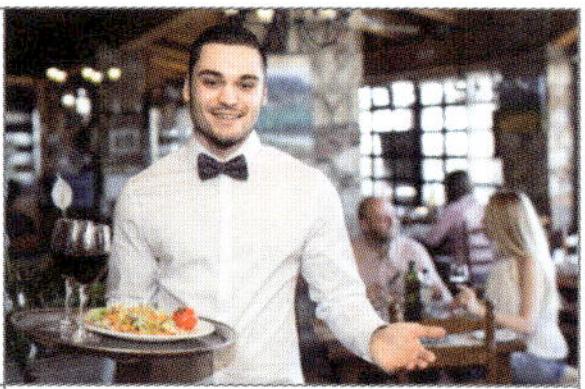
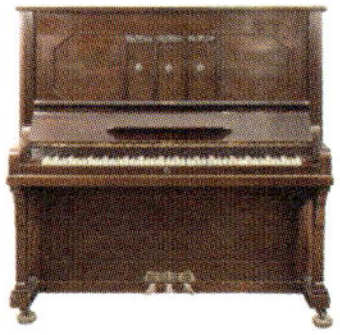	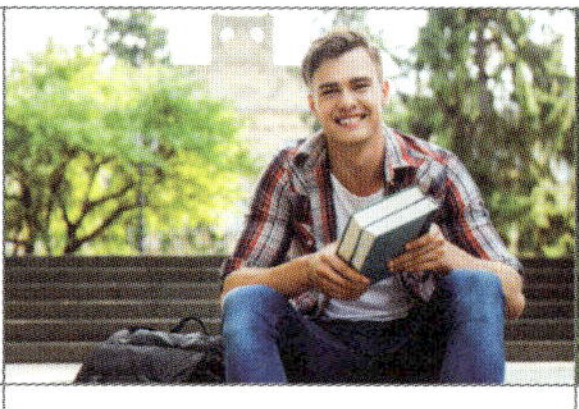	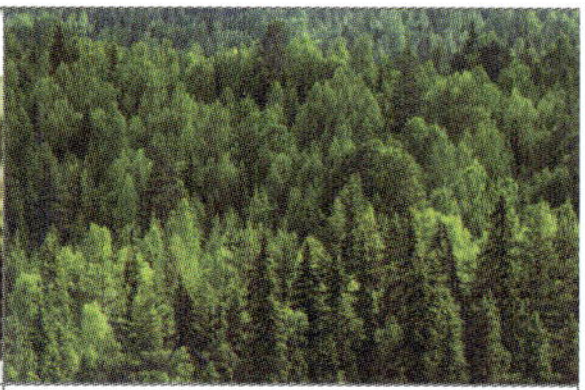
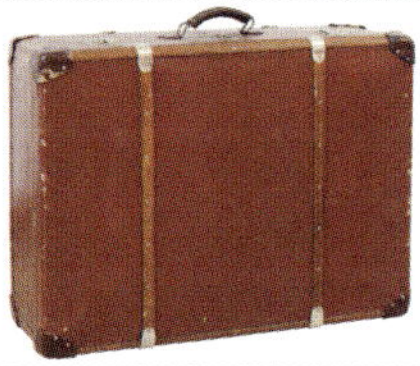	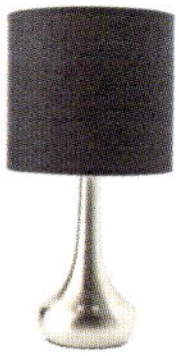	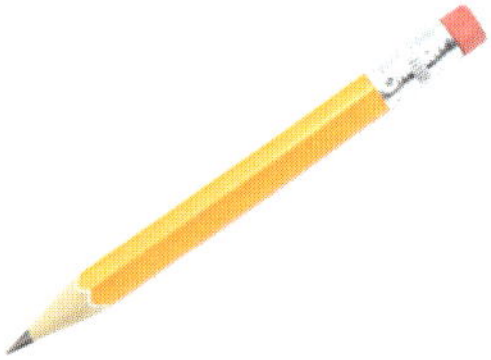

Setzen Sie den richtigen Artikel ein.

Bestimmte Artikel:

_____ Mann	_____ Junge
_____ Frau	_____ Schwester
_____ Kind	_____ Mensch
_____ Mädchen	_____ Großmutter
_____ Großvater	_____ Bruder
_____ Freundin	_____ Haus

Unbestimmte Artikel:

_____ Mann	_____ Junge
_____ Frau	_____ Schwester
_____ Kind	_____ Mensch
_____ Mädchen	_____ Großmutter
_____ Großvater	_____ Bruder
_____ Freundin	_____ Haus

Kapitel 3: Meine Heimat

Themenkarte

Track 23

Aleppo in Syrien

Kandahar-Gebirge in Afghanistan

Burg Arbil im Irak

Dahlak, Insel in Eritrea

Badshahi Moschee in Lahore, Pakistan

Karte von Syrien

Vokabeln

Track 24

Flucht	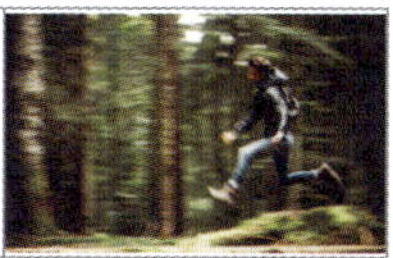	Schiff	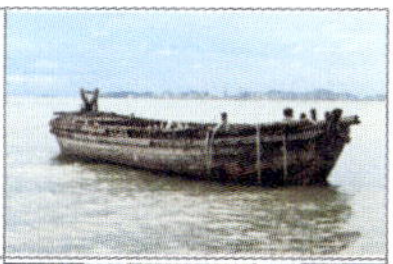
Armut	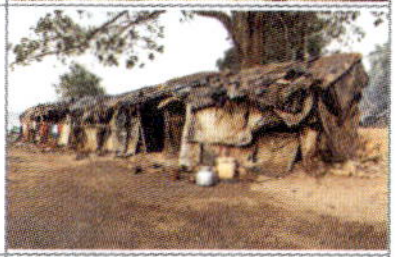	Hunger	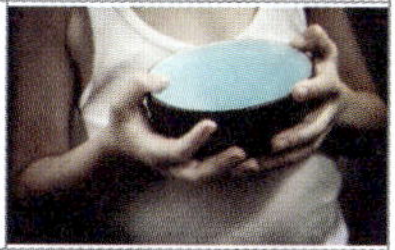
Krieg	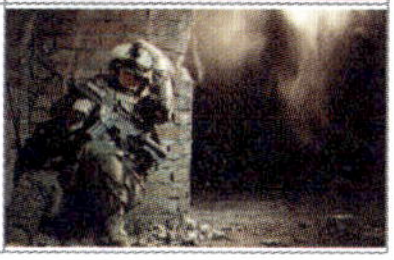	zu Fuß	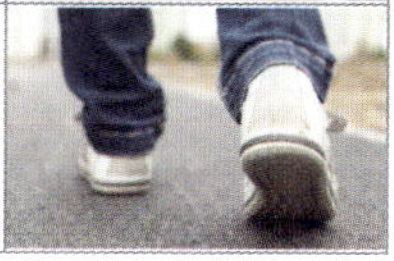

Ein Gespräch

Track 25

Hören Sie und sprechen Sie nach.

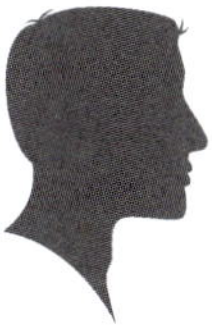

Ich heiße Djamal und komme aus Syrien.

Und ich komme aus Afghanistan und heiße Yusuf.

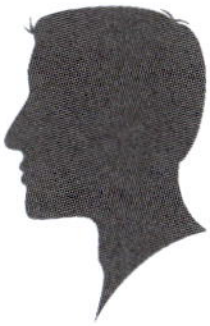

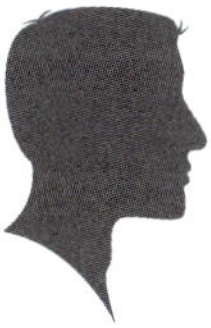

Mein Name ist Hussein und ich komme aus dem Irak.

Ich heiße Talibe und komme aus Pakistan.

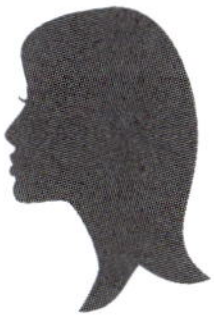

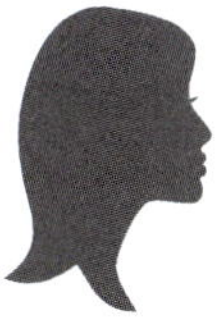

Meine Heimat ist Syrien und ich heiße Basima.

Ich, Latif, komme aus Eritrea.

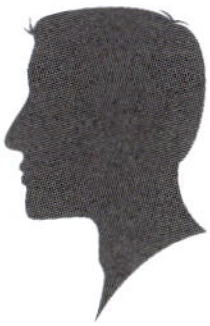

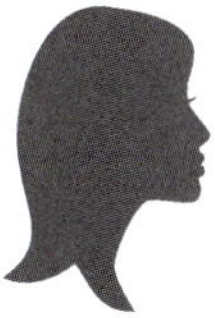

Zada ist mein Name und ich komme aus Afghanistan.

Meine Heimat ist Eritrea und mein Name Tarek.

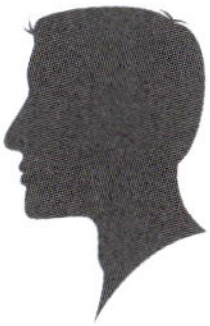

Flagge

Steckbrief meines Heimatlandes

Name des Staates: _____

Name meiner Geburtsstadt: _____

Name meines letzten Wohnortes: _____

Name der Hauptstadt: _____

Einwohnerzahl des Staates: _____

Größe des Staates (in km^2): _____

Name des Staatsoberhauptes: _____

Volksgruppen: _____

Religionen: _____

Währung: _____

Gebirge/Berge: _____

Flüsse: _____

Seen: _____

Track 26

Die Bundesrepublik Deutschland besteht aus 16 Bundesländern:
Schleswig-Holstein, Hamburg, Bremen, Niedersachsen,
Mecklenburg-Vorpommern, Nordrhein-Westfalen, Brandenburg,
Berlin, Rheinland-Pfalz, Hessen, Thüringen, Sachsen-Anhalt,
Sachsen, Saarland, Baden-Württemberg, Bayern.

Kiel

Schleswig-Holstein

Mecklenburg-Vorpommern

Schwerin

Hamburg

Bremen

Brandenburg

Niedersachsen

Berlin

Hannover

Magdeburg

Potsdam

Nordrhein-Westfalen

Sachsen-Anhalt

Düsseldorf

Sachsen

Erfurt

Dresden

Hessen

Thüringen

Wiesbaden

Rheinland-Pfalz

Mainz

Saarland

Saarbrücken

Bayern

Stuttgart

Baden-Württemberg

München

Themenkarte

Track
27

das Haus

das Hochhaus

die Villa

die Wohnung

die Küche

das Wohnzimmer

das Schlafzimmer

das Kinderzimmer

das Badezimmer

die Toilette

der Flur / die Diele

der Balkon

die Terrasse

der Garten

der Wintergarten

der Dachboden

der Keller

die Garage

die Bücher		die Bilder	
der Stuhl		die Spüle	
das Sofa		der Kühl-schrank	
der Sessel		der Herd	
der Schrank		der Küchen-tisch	
der Tisch		das Zimmer	
der Teppich		die Miete	

 **Sonja:** Ich wohne mit meiner Familie im dritten Stock.

Bastian: Wie viele Zimmer hat eure Wohnung?

 **Sonja:** Wir haben eine 4-Zimmer-Wohnung mit einer Küche, einem Wohnzimmer, einem Schlafzimmer und auch einem Kinderzimmer. Und es gibt noch ein Bad und eine Diele.

Bastian: Dann hat eure Tochter ein eigenes Zimmer?

Sonja: Ja, ganz für sich allein.

Bastian: Ist die Miete hoch?

 **Sonja:** Ja! Die Wohnung ist teuer.

Bastian: Wie viel Geld bezahlt ihr denn im Monat?

 **Sonja:** Wir zahlen 850 Euro Miete.

Bastian: Das ist viel Geld.

 **Sonja:** Aber die Wohnung ist auch sehr schön.

Hören Sie und sprechen Sie nach.   Track 30

Unsere Wohnung hat 4 Zimmer.	Wir haben ein Bad.
Wir haben eine Küche.	Wir haben eine Diele.
Wir haben ein Wohnzimmer.	Die Wohnung ist teuer.
Wir haben ein Schlafzimmer.	Wir zahlen 850 Euro Miete im Monat.
Wir haben ein Kinderzimmer.	

Deutsch-Wissen

Verben

Verben beschreiben eine Tätigkeit oder einen Zustand.
Sie stehen in unterschiedlichen grammatikalischen Zeiten
(z. B. Präsens, Perfekt, Futur …).

Verben im Infinitiv (Grundform): z. B. leben, wohnen, schreiben,
lesen, gehen, sprechen, lachen, weinen

Übung

 Track 31

Hören Sie und sprechen Sie nach.

gehen		backen	
laufen		kochen	
sprechen		trinken	
hören		essen	
schreiben		lesen	
weinen		lachen	

Einen		_____	schreiben.
Ein		_____	lesen.
Mit dem		_____	fahren.
An der		_____	bezahlen.
Auf der		_____	stehen.
Im		_____	sitzen.
Eine		_____	anstreichen.
Im		_____	liegen.
Das		_____	servieren.
Auf den		_____	warten.

Deutsch-Wissen

Personalpronomen (= persönliche Fürwörter):

Singular (= Einzahl): ich – du – er – sie – es

Plural (= Mehrzahl): wir – ihr - sie

Singular
{
Ich lebe   Ich lebe in Deutschland.
Du lebst   Du lebst in Deutschland.
Er lebt   Er lebt in Deutschland.
Sie lebt   Sie lebt in Deutschland.
Es lebt   Es lebt in Deutschland.

Plural
{
Wir leben   Wir leben in Deutschland.
Ihr lebt   Ihr lebt in Deutschland.
Sie leben   Sie leben in Deutschland.

Übung

Ich **schreibe**

Du _____

Er _____

Sie _____

Es _____

Wir _____

Ihr _____

Sie _____

Ich **sage**

Du _____

Er _____

Sie _____

Es _____

Wir _____

Ihr _____

Sie _____

Übung

Ich **wohne** in Berlin.

Du _____ in Berlin.

Er _____ in Berlin.

Sie _____ in Berlin.

Es _____ in Berlin.

Wir _____ in Berlin.

Ihr _____ in Berlin.

Sie _____ in Berlin.

Ich **singe** ein Lied.

Du _____ ein Lied.

Er _____ ein Lied.

Sie _____ ein Lied.

Es _____ ein Lied.

Wir _____ ein Lied.

Ihr _____ ein Lied.

Sie _____ ein Lied.

Ich **liege** im Bett.

Du _____

Er _____

Sie _____

Es _____

Wir _____

Ihr _____

Sie _____

Ich **lerne** Deutsch.

Du _____

Er _____

Sie _____

Es _____

Wir _____

Ihr _____

Sie _____

Konjugation von Verben

Zeitformen (Tempus) des Verbs (1. Person Singular):

Präsens:	schenke	Ich schenke ein Buch.
Präteritum:	schenkte	Ich schenkte ein Buch.
Perfekt:	habe geschenkt	Ich habe ein Buch geschenkt.
Plusquam-perfekt:	hatte geschenkt	Ich hatte ein Buch geschenkt.
Futur I:	werde schenken	Ich werde ein Buch schenken.
Futur II:	werde geschenkt haben	Ich werde ein Buch geschenkt haben.

Präsens (Gegenwart)

Ich **schlafe**   Wir **schlafen**

Du **schläfst**   Ihr **schlaft**

Er **schläft**   Sie **schlafen**

Sie **schläft**

Es **schläft**

Übung

Ich schlafe in meinem Bett.

Du ———————— ———— ————— ——————— .

Er ———————— ———— ————— ——————— .

Sie ———————— ———— ————— ——————— .

Es ———————— ———— ————— ——————— .

Wir ———————— ———— ————— ——————— .

Ihr ———————— ———— ————— ——————— .

Sie ———————— ———— ————— ——————— .

Perfekt (vollendete Gegenwart):

Ich **habe** geschlafen.
Du **hast** geschlafen.
Er **hat** geschlafen.
Sie **hat** geschlafen.
Es **hat** geschlafen.

Wir **haben** geschlafen.
Ihr **habt** geschlafen.
Sie **haben** geschlafen.

Übung

Ich habe in meinem Bett geschlafen.

Du _____ _____ _____ _____ _____ .

Er _____ _____ _____ _____ _____ .

Sie _____ _____ _____ _____ _____ .

Es _____ _____ _____ _____ _____ .

Wir _____ _____ _____ _____ _____ .

Ihr _____ _____ _____ _____ _____ .

Sie _____ _____ _____ _____ _____ .

Futur I (Zukunft I)

Ich **werde** schlafen.
Du **wirst** schlafen.
Er **wird** schlafen.
Sie **wird** schlafen.
Es **wird** schlafen.

Wir **werden** schlafen.
Ihr **werdet** schlafen.
Sie **werden** schlafen.

Übung

Ich werde im Bett schlafen.

Du _____ ____ _____ _____ .

Er _____ ____ _____ _____ .

Sie _____ ____ _____ _____ .

Es _____ ____ _____ _____ .

Wir _____ ____ _____ _____ .

Ihr _____ ____ _____ _____ .

Sie _____ ____ _____ _____ .

Konjugieren Sie das Verb **„bezahlen"** in der Zeitform **„Präsens":**

Ich bezahle das Getränk.

Du _____

Er _____

Sie _____

Es _____

Wir _____

Ihr _____

Sie _____

Konjugieren Sie das Verb **„bezahlen"** in der Zeitform **„Perfekt":**

Ich habe den Fahrschein bezahlt.

Du _____

Er _____

Sie _____

Es _____

Wir _____

Ihr _____

Sie _____

Konjugieren Sie das Verb **„einkaufen"** in der Zeitform **„Futur I":**

Ich werde ein Brot einkaufen.

Du _____

Er _____

Sie _____

Es _____

Wir _____

Ihr _____

Sie _____

Konjugieren Sie das Verb **„tanzen"** in der Zeitform **„Perfekt":**

Ich habe getanzt.

Du _____

Er _____

Sie _____

Es _____

Wir _____

Ihr _____

Sie _____

Ergänzen Sie das Verb in der richtigen Form.

	essen	Ich **esse** gerne Nudeln.	

1.	lesen	Jan _____ ein Buch.	
2.	wandern	Katrin _____ gerne.	
3.	schreiben	Sie _____ ihm eine lange Mail.	
4.	lachen	Die Kinder _____ über den Film.	
5.	kämmen	Das Kind _____ das Haar seiner Puppe.	
6.	freuen	Alle _____ sich auf den Urlaub.	
7.	fahren	Die Familie _____ mit dem Auto.	

8.	schwimmen	Der Hai _____ im Meer.	
9.	spielen	Der kleine Paul _____ mit Puppen.	
10.	bellen	Am Tor _____ der Hund.	
11.	dirigieren	Eine Frau _____ das Orchester.	
12.	backen	Mutter _____ gerne Kuchen.	
13.	hören	Alle _____ dem alten Mann zu.	
14.	essen	Die Kinder _____ gerne Pommes frites.	
15.	arbeiten	Der Vater _____ sehr hart.	

In Deutschland gibt es viele Sehenswürdigkeiten:
Gebäude, Denkmäler, Landschaften …

das Brandenburger Tor in Berlin

der Dom in Köln

die Wartburg in Eisenach

die Lüneburger Heide

die Kreidefelsen auf der Insel Rügen

die Zugspitze in Bayern

das Völkerschlachtdenkmal in Leipzig

das Goethe-und-Schiller-Denkmal in Weimar

der Baumkronenpfad in Thüringen

Timmendorfer Strand an der Ostsee

das Wattenmeer an der Nordsee

Rothenburg ob der Tauber

Schloss Neuschwanstein

der Bodensee

Themenkarte

Track 33

einkaufen

5 Pfund Kartoffeln

2 Kohlrabi

1 Kopf Salat

3 Tomaten

Salatsoße

2 Flaschen
Mineralwasser

Salz und
andere Gewürze

10,50 Euro

Kassiererin		Tasche	
Portmonee		Geld	
Kasse		Einkaufs-wagen	
Mikrowelle		Spielzeug	
Hand-tücher		Wäsche	
Schmuck		Kosmetik	
Lebens-mittel		Kleidung	

Ich kaufe einen **Fernseher.**

Ich kaufe eine —————————————————— .

Ich kaufe ein —————————————————— .

Ich kaufe einen —————————————————— .

Ich kaufe eine —————————————————— .

Ich kaufe ein —————————————————— .

Nomen bezeichnen Gegenstände oder Gefühle.

Gegenstände kann man sehen und anfassen:

das Buch	der Spaten	der Bleistift

das T-Shirt	der Ball	das Auto

Gefühle und Zustände kann man nicht anfassen:

die Freude	die Trauer	die Wut

Übung

Wie heißt das? Schreiben Sie Nomen und Artikel. Das Wörterbuch hilft.

Hören Sie und schreiben Sie das richtige Wort mit dem Artikel in das passende Feld: der Herd – der Teller – der Stuhl – die Mikrowelle – der Kühlschrank – die Kaffeemaschine – das Besteck – der Toaster – die Spülmaschine

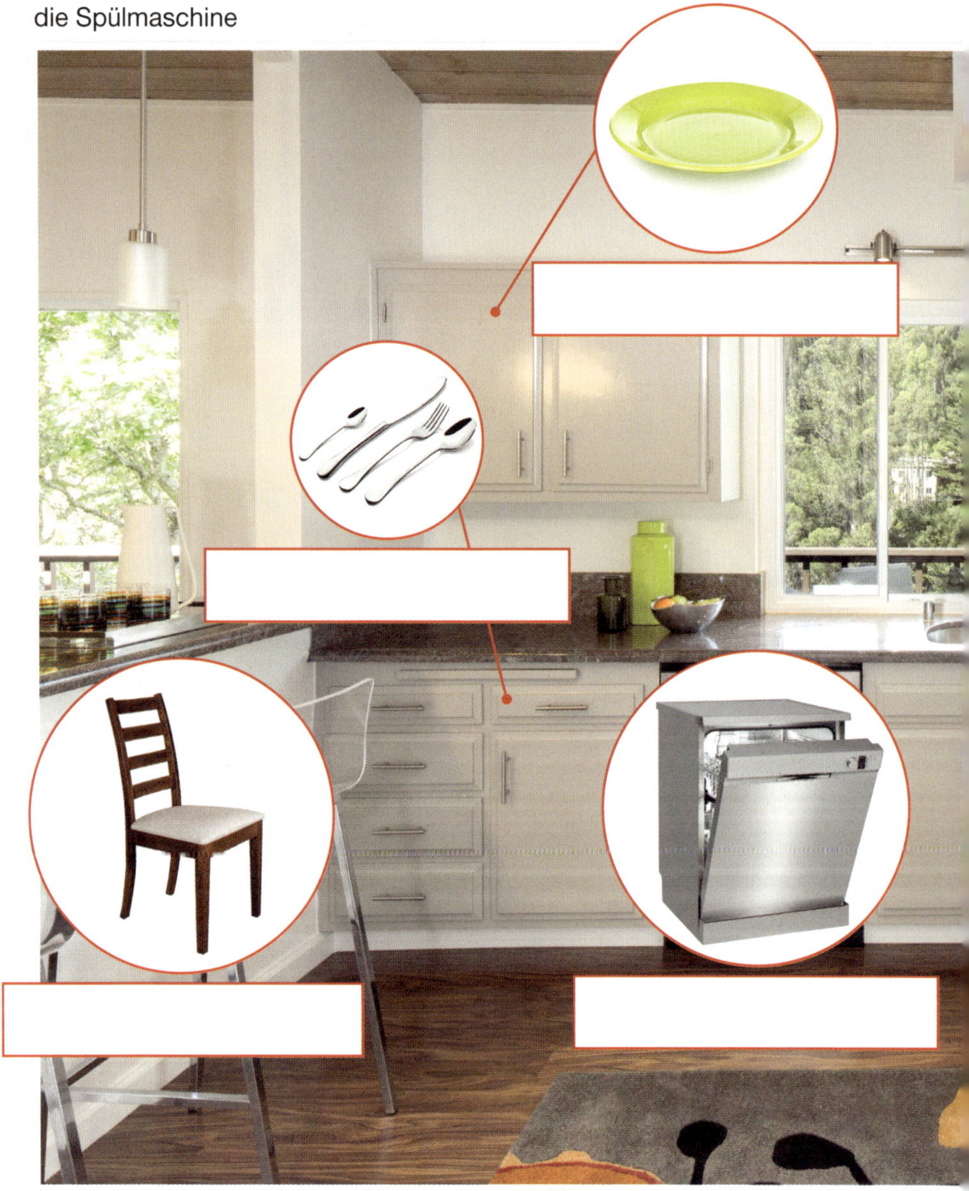

Das Flugzeug   fliegt.

——————————————— saugt den Staub.

——————————————— spielt Musik.

——————————————— spült das Geschirr.

——————————————— toastet das Brot.

——————————————— kocht Kaffee.

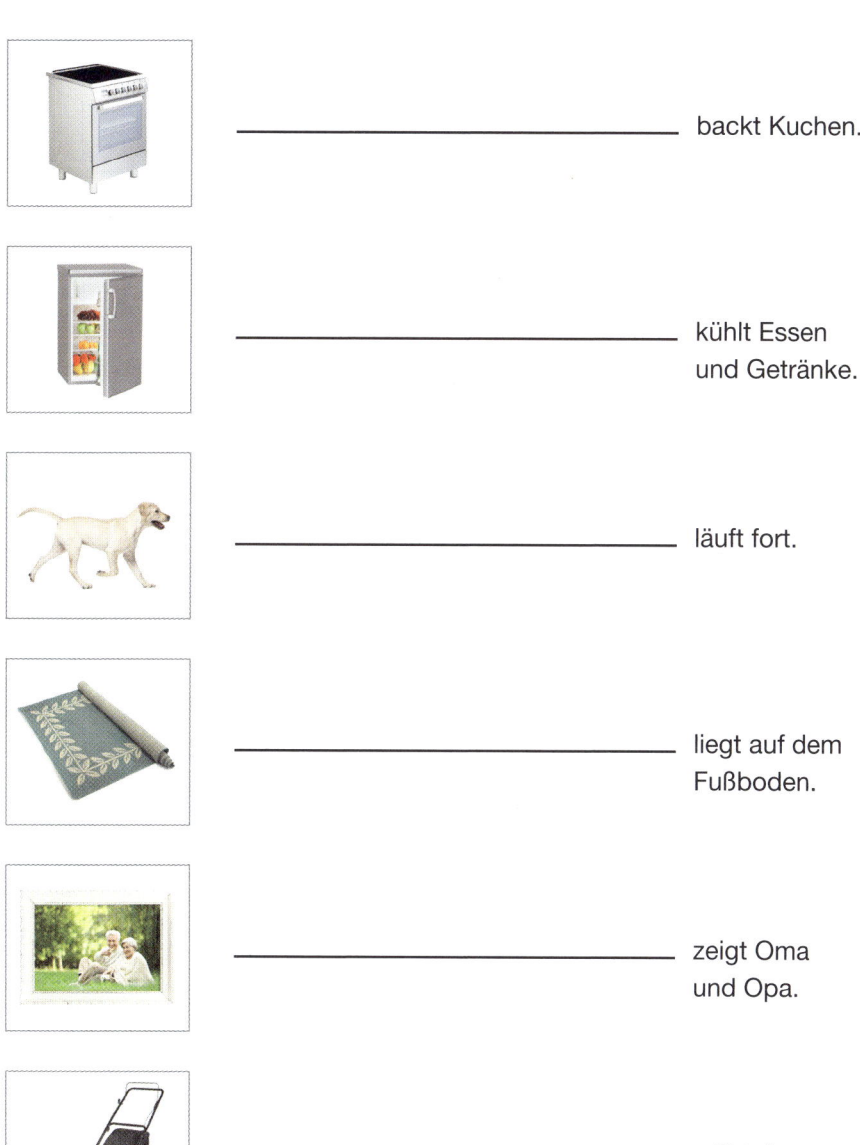

_____ backt Kuchen.

_____ kühlt Essen
und Getränke.

_____ läuft fort.

_____ liegt auf dem
Fußboden.

_____ zeigt Oma
und Opa.

_____ mäht den
Rasen.

Hören Sie und schreiben Sie das richtige Wort mit dem Artikel in das passende Feld: der Salat – die Erdbeeren – die Tomaten – die Rose – die Kirschen – die Buche – die Erbsen – der Apfel – die Lilien

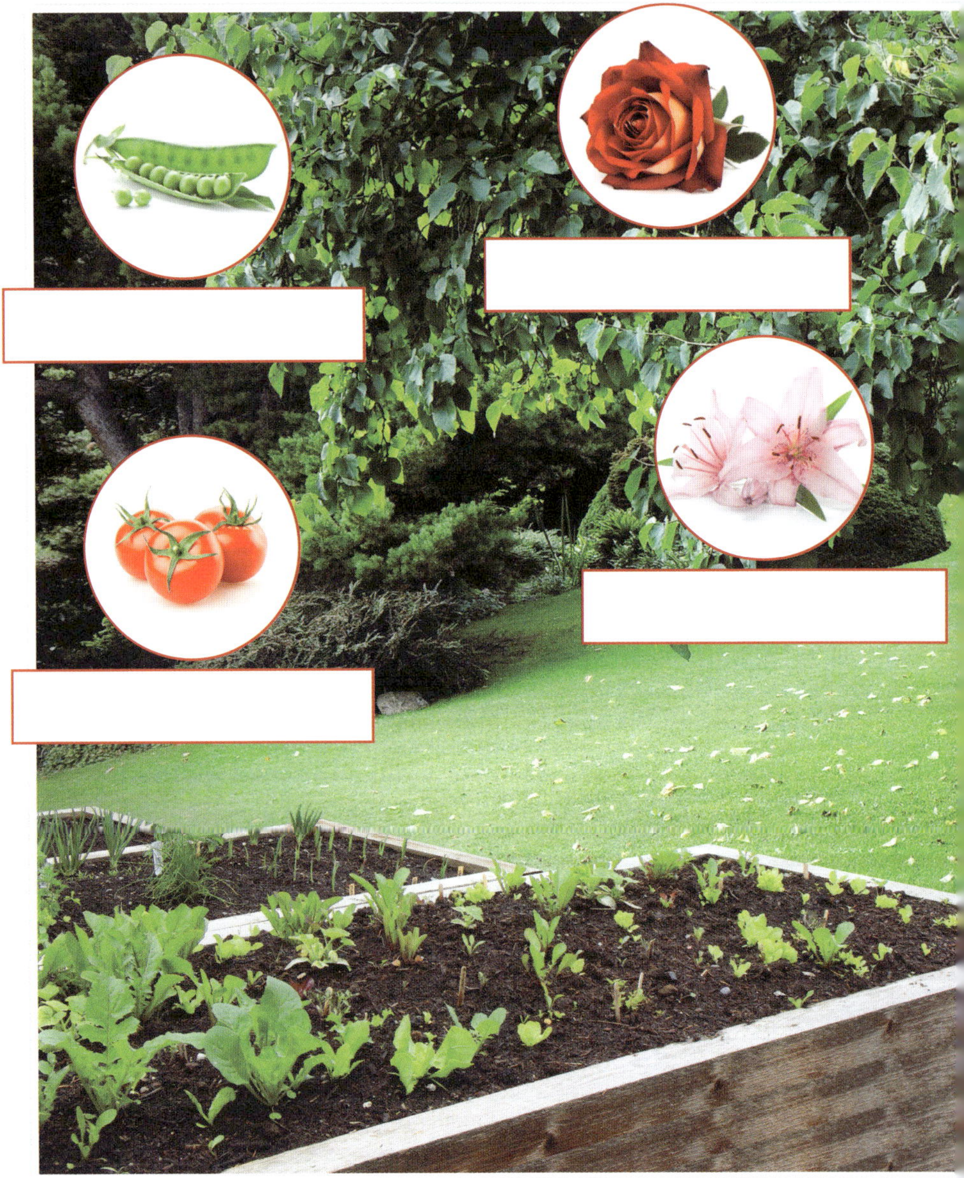

Schreiben Sie die richtigen Wörter (s. S. 71 oben) im **Singular** (Einzahl) und im **Plural** (Mehrzahl) untereinander in die Kästen.

	die Rose	die Rose**n**

Himbeeren – Kirschen – Tomaten – Kastanien – Gurken – Tulpen – Bucheckern – Erdbeeren – Möhren – Äpfel – Salat – Lilien – Nelken – Eicheln – Heidelbeeren

Ordnen Sie die Gegenstände von S. 70/71 richtig zu:

Gemüse und Salat	Obst	Blumen	Baumfrüchte

So heißen die wichtigsten Farben auf Deutsch:

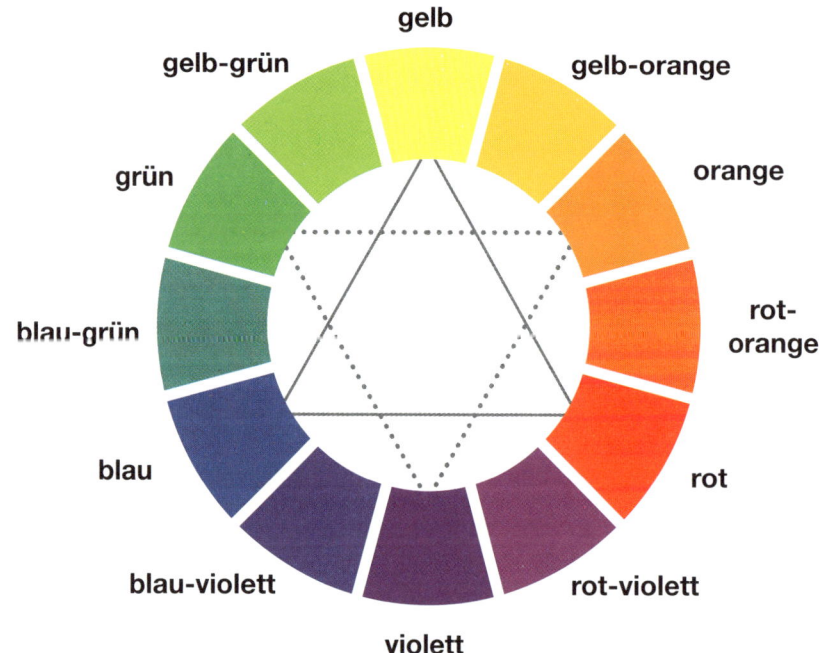

Hören Sie und sprechen Sie nach.

rote Kirschen		
gelbe Nelken		
weiße Hortensien		
blau-schwarze Brombeeren		
blaue Heidelbeeren		
rote Erdbeeren		
gelbe Kartoffeln		
grüner Salat		
rote Tomaten		
gelb-weißer Spargel		
grüne Gurken		

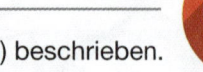
Farben werden mit Adjektiven (Eigenschaftswörtern) beschrieben.
Man fragt: Wie ist etwas? Wie sieht etwas aus?

Zum Beispiel:
Die Erdbeeren sind rot.
Die Äpfel sind grün.

Übung

Welche Farbe haben diese Dinge?

Kirschen	Die Kirschen sind **rot.**	
Auto		
Heidelbeeren		
Pullover		
Kleid		
Mütze		
Tomaten		
Buch		

Wir können das Adjektiv vor das Nomen setzen, das beschrieben wird:

Die **blauen** Heidelbeeren sind gesund.

Die **roten** Erdbeeren schmecken süß.

Die **grünen** Äpfel sind noch nicht reif.

Die Wörter „gesund", „süß" und „reif" in diesen Sätzen sind auch Adjektive.

Übung

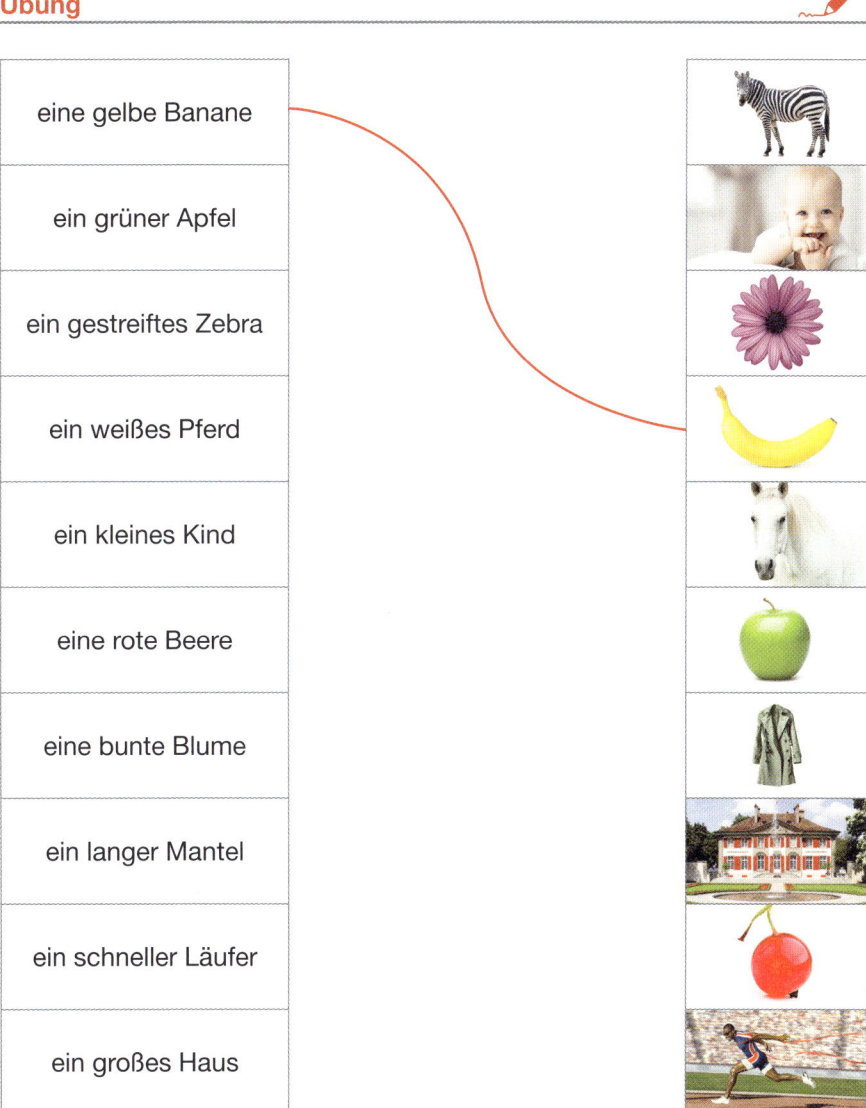

eine gelbe Banane	
ein grüner Apfel	
ein gestreiftes Zebra	
ein weißes Pferd	
ein kleines Kind	
eine rote Beere	
eine bunte Blume	
ein langer Mantel	
ein schneller Läufer	
ein großes Haus	

Hören Sie und schreiben Sie das richtige Wort mit Artikel in das passende Feld: der Sessel – der Fernseher – der Couchtisch – das Sofa – das Bild – das Sideboard

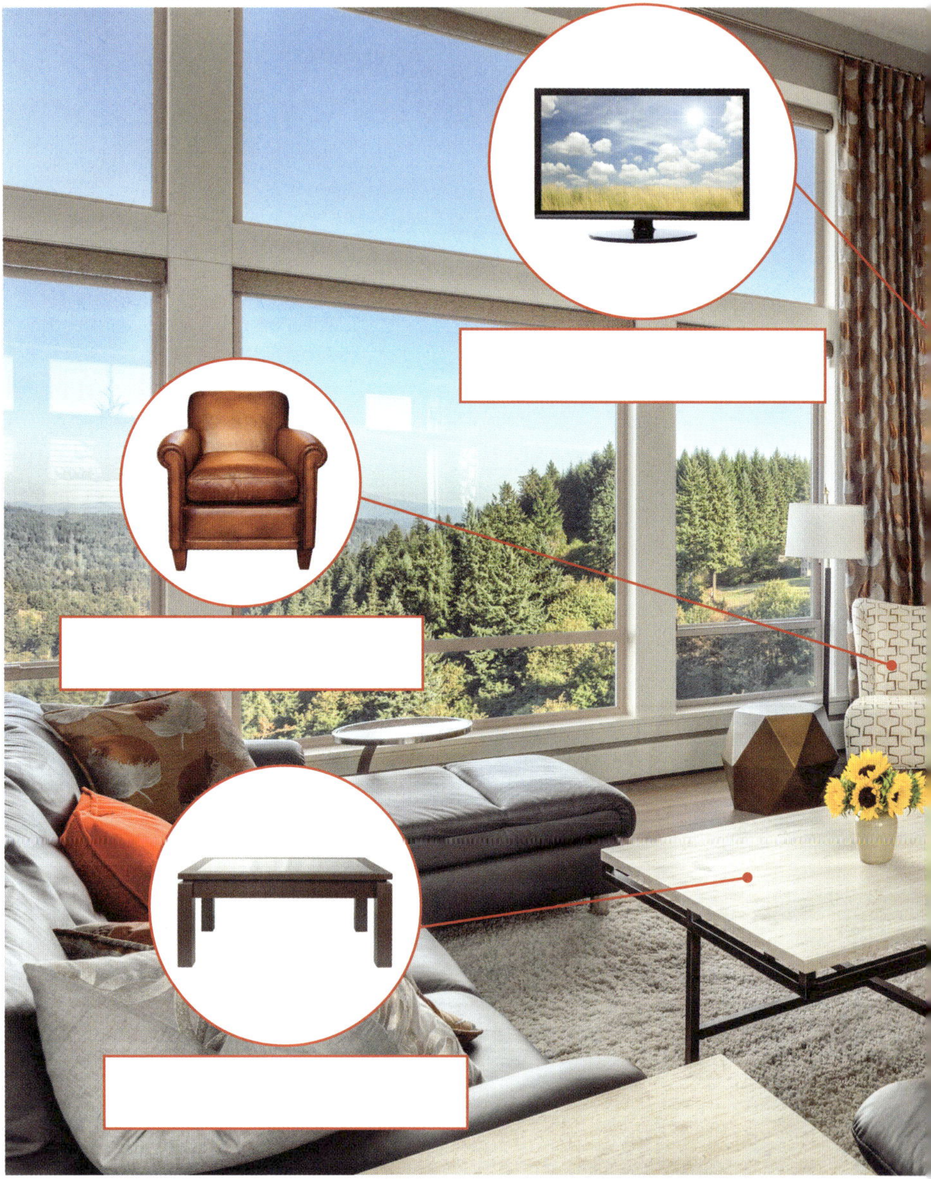

Beschreibung von Nomen

- Nomen werden immer **groß** geschrieben.
- Nomen haben einen **Artikel.**
- Nomen können im **Singular oder Plural** stehen.
- Nomen können **dekliniert** werden.

Zu den Nomen gehören auch **Eigennamen** (Herr **Schmitz,** Frau **Müller, München, Rhein, Zugspitze, Brandenburger Tor ...).** Sie schreibt man immer groß.

Übung

Schreiben Sie!

Die _____ hängen an der Wand.	
Sie fährt mit dem _____ .	
Die _____ spielen auf der _____ .	
Es war das _____ des Mannes.	
Frau _____ kauft ein.	Meier
Sie wohnt in _____ .	Düsseldorf

Deutsch-Wissen:

Wir bilden den Plural!

der Mann	die Männer
die Frau	die Frauen
das Kind	die Kinder
der Mensch	die Menschen
die Kuh	die Kühe
das Haus	die Häuser

Der Plural wird immer mit dem Artikel „die" gebildet.
Die Endungen im Plural sind verschieden:

die Tisch**e**	Endung „e"
die Lamp**en**	Endung „en"
die Fahrräd**er**	Endung „er"
die Blume**n**	Endung „n"
die Lehrerin**nen**	Endung „nen"

Übung

Bilden Sie den Plural!

der Tisch	_____	_____
die Lampe	_____	_____
das Tor	_____	_____
der Hund	_____	_____
das Fahrrad	_____	_____
der Garten	_____	_____
die Bluse	_____	_____
die Blume	_____	_____
die Lehrerin	_____	_____

das Auto	_____	_____
der Raum	_____	_____
das Tal	_____	_____
die Burg	_____	_____
die Katze	_____	_____
die Ärztin	_____	_____
das Rathaus	_____	_____
das Hotel	_____	_____
der Polizist	_____	_____

Deutsch-Wissen

Deklination von Nomen

Nomen können dekliniert (= verändert) werden. Nicht nur, wenn sie im Plural stehen, werden sie verändert. Je nachdem, in welchem „Fall" sie gebraucht werden, verändern sie sich. Sie werden dekliniert.

Es gibt vier Fälle (Kasus):
1. Fall: Nominativ
2. Fall: Genitiv
3. Fall: Dativ
4. Fall: Akkusativ

Ein Beispiel:
1. Fall: der Mann
   Man fragt mit: **„Wer oder was?":** Wer steht am Bahnhof? – der Mann
2. Fall: des Mannes
   Man fragt mit: **„Wessen?":** Wessen Hut ist das? – der Hut des Mannes
3. Fall: dem Manne
   Man fragt mit: **„Wem?":** Wem gehört der Hut? – dem Mann
4. Fall: den Mann
   Man fragt mit: **„Wen oder was?":** Wen holt er ab? – den Mann

Viele begrüßen und verabschieden sich durch Umarmungen bzw. einem angedeuteten Kuss auf die Wange.

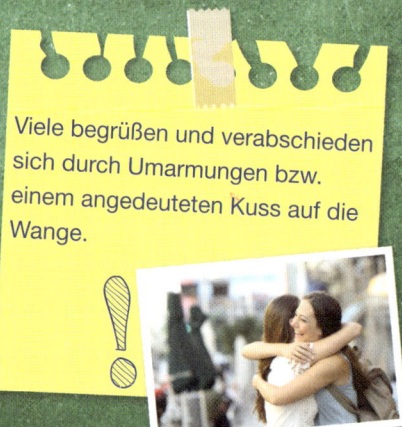

Maskuline Nomen:

1. Fall: der Mann („Wer oder was?")
2. Fall: des Mannes („Wessen?")
3. Fall: dem Mann („Wem?")
4. Fall: den Mann („Wen oder was?")

Übung

Deklinieren Sie das Nomen.

1. Fall: der Hund

2. Fall: ____ _____

3. Fall: ____ _____

4. Fall: ____ _____

1. Fall: ____ Ball

2. Fall: ____ _____

3. Fall: ____ _____

4. Fall: ____ _____

1. Fall: ____ Tisch

2. Fall: ____ _____

3. Fall: ____ _____

4. Fall: ____ _____

1. Fall: ____ Garten

2. Fall: ____ _____

3. Fall: ____ _____

4. Fall: ____ _____

1. Fall: ____ Baum

2. Fall: ____ _____

3. Fall: ____ _____

4. Fall: ____ _____

1. Fall: ____ Spieler

2. Fall: ____ _____

3. Fall: ____ _____

4. Fall: ____ _____

Übung

Deklinieren Sie das Nomen.

1. Fall: die	Katze		1. Fall: ___	Tür
2. Fall: ___	_____		2. Fall: ___	_____
3. Fall: ___	_____		3. Fall: ___	_____
4. Fall: ___	_____		4. Fall: ___	_____

1. Fall: ___	Tasche		1. Fall: ___	Uhr
2. Fall: ___	_____		2. Fall: ___	_____
3. Fall: ___	_____		3. Fall: ___	_____
4. Fall: ___	_____		4. Fall: ___	_____

1. Fall: ___	Zeitung		1. Fall: ___	Kappe
2. Fall: ___	_____		2. Fall: ___	_____
3. Fall: ___	_____		3. Fall: ___	_____
4. Fall: ___	_____		4. Fall: ___	_____

Übung

Deklinieren Sie das Nomen.

1. Fall: das   Auto

2. Fall: _____ _____

3. Fall: _____ _____

4. Fall: _____ _____

1. Fall: _____ Pferd

2. Fall: _____ _____

3. Fall: _____ _____

4. Fall: _____ _____

1. Fall: _____ Radio

2. Fall: _____ _____

3. Fall: _____ _____

4. Fall: _____ _____

1. Fall: _____ Gesicht

2. Fall: _____ _____

3. Fall: _____ _____

4. Fall: _____ _____

1. Fall: _____ Auge

2. Fall: _____ _____

3. Fall: _____ _____

4. Fall: _____ _____

1. Fall: _____ Raumschiff

2. Fall: _____ _____

3. Fall: _____ _____

4. Fall: _____ _____

Übung

Deklinieren Sie folgende Nomen:
Fahrkarte, Bücherei, Sportplatz, Kinderzimmer

1. Fall: ____ _____   1. Fall: ____ _____

2. Fall: ____ _____   2. Fall: ____ _____

3. Fall: ____ _____   3. Fall: ____ _____

4. Fall: ____ _____   4. Fall: ____ _____

1. Fall: ____ _____   1. Fall: ____ _____

2. Fall: ____ _____   2. Fall: ____ _____

3. Fall: ____ _____   3. Fall: ____ _____

4. Fall: ____ _____   4. Fall: ____ _____

Deutsch-Wissen

Zusammengesetzte Wörter:

Wörter können auch aus zwei oder mehreren Wörtern zusammengesetzt werden, zum Beispiel aus zwei Nomen: Fußball aus: Fuß + Ball.

Weitere Beispiele:
Buslinie = Bus + Linie
Mülleimer = Müll + Eimer
Kinderzimmer = Kinder + Zimmer

Nomen + andere Wortart (z. B. Verb):
Fahrkarte: Fahr (Verb „fahren") + Karte (Nomen)
Schwimmlehrer: Schwimm (Verb „schwimmen") + Lehrer (Nomen)
Wandertag: Wander (Verb „wandern") + Tag (Nomen)

Übung

Bilden Sie zusammengesetzte Nomen.

 	das Haus +	die Tür =	die Haustür
	Wander(n) +	die Schuhe =	die Wanderschuhe

In Deutschland müssen alle ab dem 6. bis zum 18. Lebensjahr zur Schule gehen. Es gibt sehr viele verschiedene Schulen.

Mit sechs Jahren kommt ein Kind in die Grundschule. Sie dauert – je nach Bundesland – 4 oder 6 Jahre lang. Danach kommt die Sekundarstufe I. Sie endet ungefähr mit dem 16. Lebensjahr. Manche erlernen dann einen Beruf. Dann müssen sie zur Berufsschule gehen. Andere wechseln in die Sekundarstufe II, die mit dem Abitur oder der Fachhochschulreife endet. Anschließend kann ein Studium oder eine Berufsausbildung folgen.

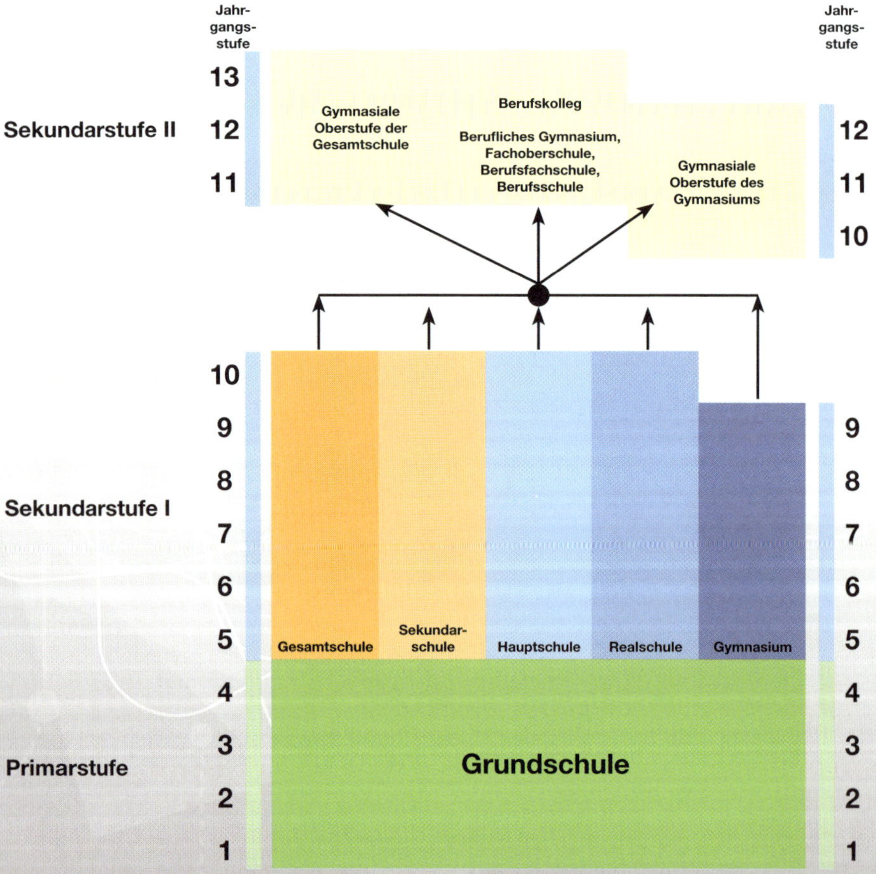

	Jahrgangsstufe		Jahrgangsstufe
Sekundarstufe II	13 12 11	Gymnasiale Oberstufe der Gesamtschule — Berufskolleg — Berufliches Gymnasium, Fachoberschule, Berufsfachschule, Berufsschule — Gymnasiale Oberstufe des Gymnasiums	12 11 10
Sekundarstufe I	10 9 8 7 6 5	Gesamtschule — Sekundarschule — Hauptschule — Realschule — Gymnasium	9 8 7 6 5
Primarstufe	4 3 2 1	**Grundschule**	4 3 2 1

Wichtige Schulfächer

Deutsch

Mathematik

Englisch

Geschichte

Politik

Geografie

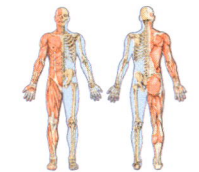
Biologie

Physik

Chemie

Sport

Musik

Kunst

Religion

Philosophie

Informatik

Themenkarte

Track 40

Restaurant

Kneipe

Pizzeria

Bar

Café

Bistro

Tisch mit **einem** Gast

Tisch mit großer Gesellschaft

Theke

Orangensaft		Portion	
Nudelauflauf		Kellner	
Salat		Gast	

Ein Gespräch

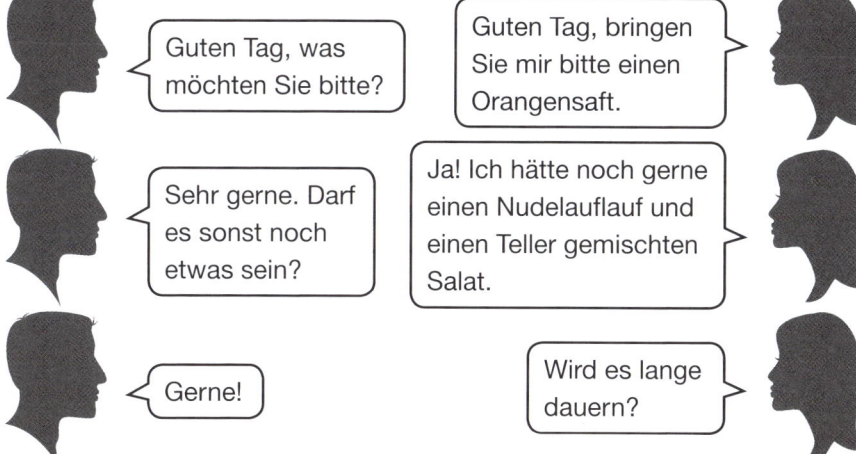

Guten Tag, was möchten Sie bitte?

Guten Tag, bringen Sie mir bitte einen Orangensaft.

Sehr gerne. Darf es sonst noch etwas sein?

Ja! Ich hätte noch gerne einen Nudelauflauf und einen Teller gemischten Salat.

Gerne!

Wird es lange dauern?

Ich denke, so etwa zehn Minuten. Den Orangensaft bringe ich Ihnen sofort.

Prima!

 Hier, bitte, Ihr Nudelauflauf mit dem gemischten Salat. Ich wünsche Ihnen einen guten Appetit.

Danke sehr!

 Hat es Ihnen geschmeckt?

Danke! Es hat sehr gut geschmeckt. Ich möchte gleich zahlen.

 Gerne, einen Moment bitte. Ein Nudelauflauf mit gemischtem Salat und ein Glas Orangensaft. Das macht zusammen 12,60 Euro.

Hier, bitte, stimmt so.

 Vielen Dank – und einen schönen Tag noch. Auf Wiedersehen.

Das wünsche ich Ihnen auch. Auf Wiedersehen.

Hören Sie und sprechen Sie!   **Track 43**

Guten Tag, was möchten Sie bitte?
Ich möchte ein Glas Orangensaft.
Bringen Sie mir bitte einen Nudelauflauf.
Ja, sehr gerne.
Guten Appetit!
Vielen Dank!
Hat es Ihnen geschmeckt?
Ja, sehr gut!
Ich möchte zahlen, bitte.
Gerne, einen Moment bitte.

Deutschland-Info: Deutsche Wirtschaft

 Track 44

Deutschland ist in Europa die größte Wirtschaftsnation, weltweit die viertgrößte. Ganz wichtig ist der Export. Hier liegt die deutsche Wirtschaft weltweit hinter China an zweiter Stelle.

Stahlindustrie

Autoindustrie

Chemieindustrie

Dienstleistungssektor (z. B. Versicherung)

Tourismus

Messestandort

Themenkarte

Track 45

Ampel

Kreuzung

Autos

Fahrräder

Bus

Straßenbahn

Fußgänger

Zebrastreifen

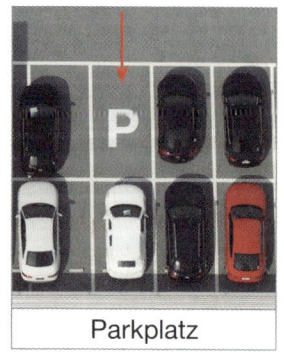

Parkplatz

Vokabeln

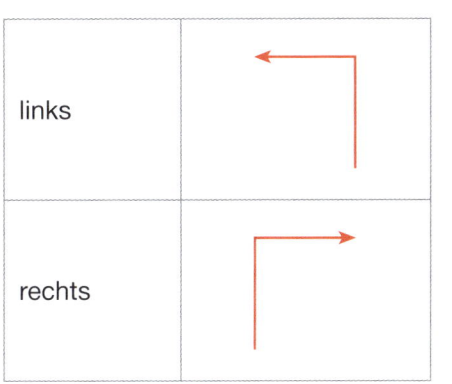

links	
rechts	

geradeaus	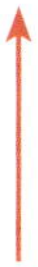

Ein Gespräch

Stopp! Was siehst du auf der Ampel?

Ein rotes Männchen.

Und was muss man dann tun?

Stehenbleiben!

Richtig! Man darf nicht über die Straße gehen. Denn das könnte gefährlich werden.

Ich weiß. Denn für die Autos ist die Ampel ja grün.

Das stimmt. Die dürfen dann natürlich fahren.

Manche Autos fahren aber auch sehr schnell.

Ja. Man soll gut aufpassen, auch wenn die Ampel „Grün" zeigt. Denn manchmal beachten die Autofahrer „ihre" rote Ampel nicht und fahren durch.

Ich weiß. Darum bleibe ich auch immer bei „Rot" stehen.

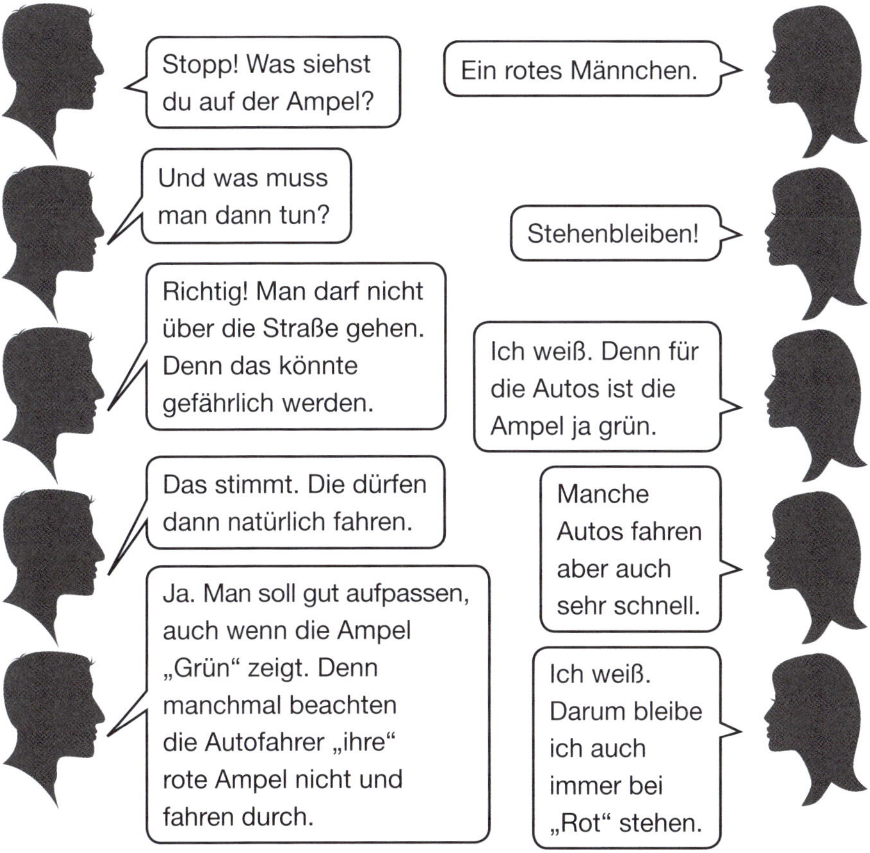

STOP

Vorfahrt achten

Parkplatz

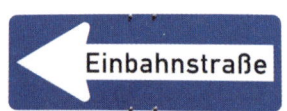

Einbahnstraße

Überholverbot

Bahnübergang

Vorfahrtstraße

Halteverbot

Kreisverkehr

Durchfahrt verboten

Ampel

Geschwindigkeits-
begrenzung

Das wichtigste Gesetz in Deutschland ist das Grundgesetz. Es enthält z. B. die Menschenrechte (Recht auf Leben, Gesundheit, Gleichheit aller Menschen, Meinungsfreiheit …).

In Deutschland herrscht **Religionsfreiheit** (Artikel 4 des Grundgesetzes). Hier leben ca. 60 % Christen, davon etwa 30 % Katholiken, 29,5 % Evangelische und 0,5 % sonstige Christen. Der Anteil der Muslime beträgt etwa 5 %. Weitere Religionen: Buddhisten ca. 0,3 %, Juden ca. 0,25 %, 0,1 % Hinduisten. Etwa ein Drittel ist konfessionslos.

Staat und Kirche sind streng voneinander getrennt.

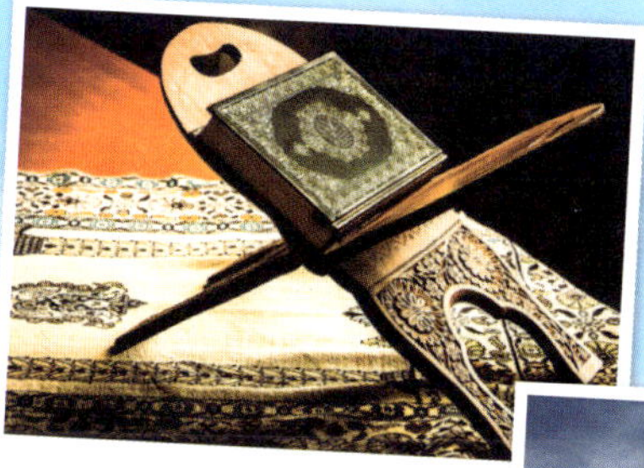

Islam

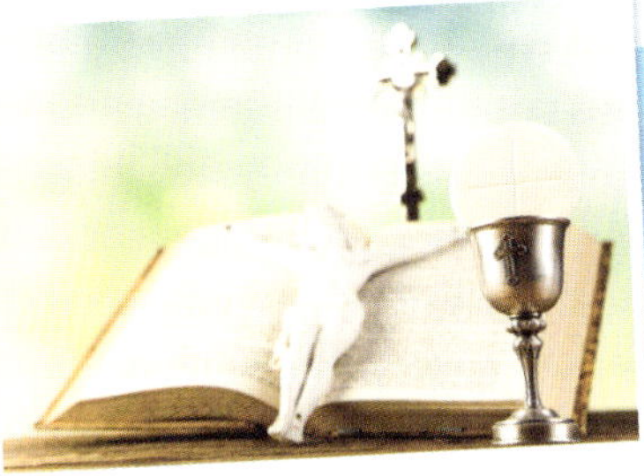

Christentum

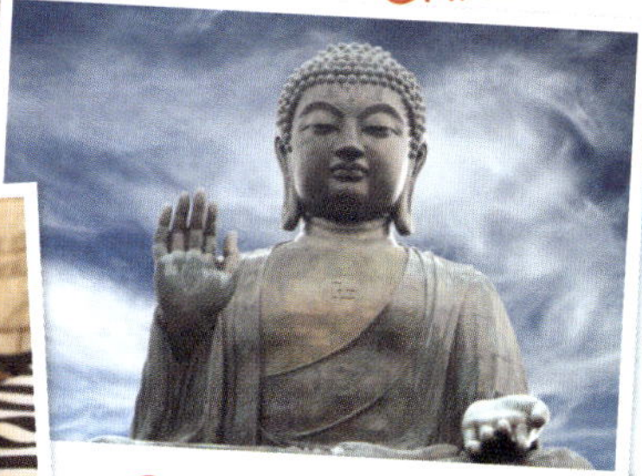

Buddhismus

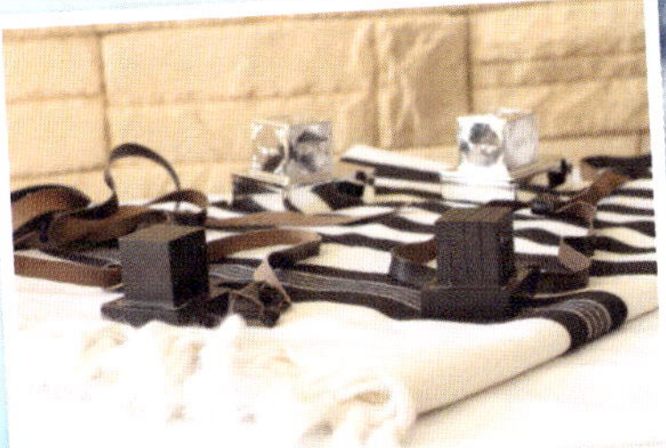

Judentum

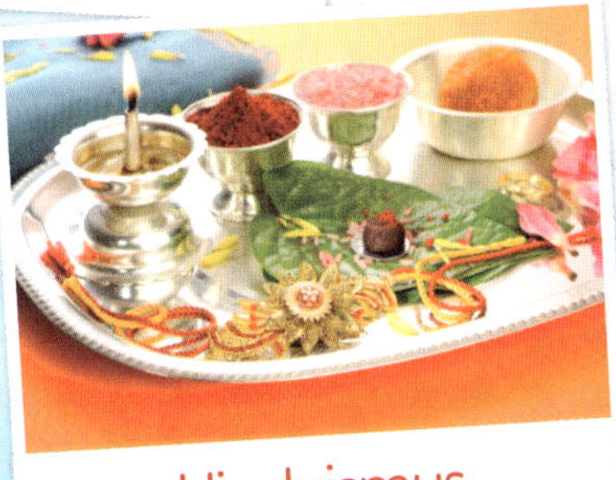

Hinduismus

Themenkarte

kranker Mensch

Arzt / Doktor

Arzthelferin

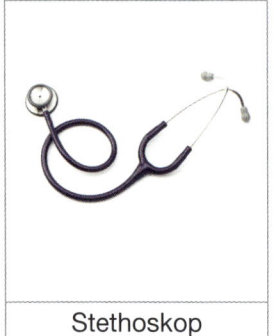

Stethoskop

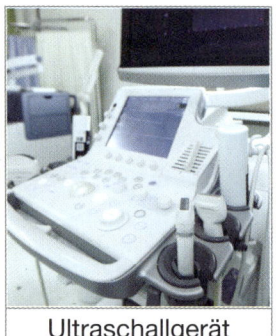

Ultraschallgerät

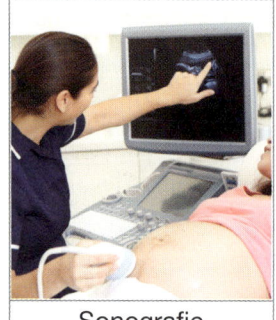

Sonografie

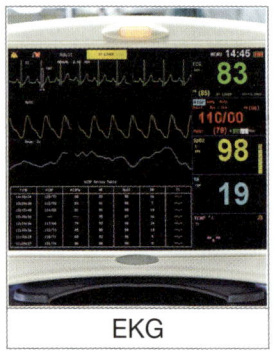

EKG

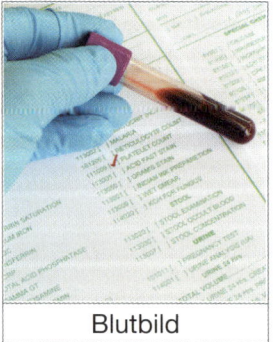

Blutbild

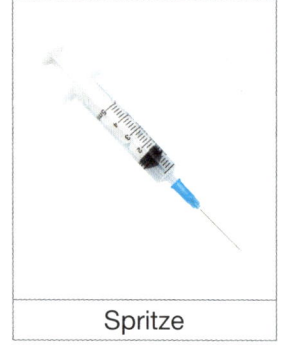

Spritze

Tabletten		Schmerzen	
Tropfen		Ver-brennungen	
Verband		Knochen-bruch	
Operation		Fieber	
Medika-mente		Mund	
Rezept		Mandeln	
Blut		Rachen	
Wunde		Bettruhe	

97

Kirstin: Guten Tag, Herr Doktor Jansen.

Dr. Jansen: Guten Tag, Frau Müller. Was kann ich für Sie tun?

Kirstin: Herr Doktor, mir ist ganz heiß. Ich glaube, ich habe Fieber.

Dr. Jansen: Haben Sie noch andere Beschwerden?

Kirstin: Der Kopf fühlt sich an, als würde er gleich platzen.

Dr. Jansen: Dann werde ich Sie einmal untersuchen. Öffnen Sie bitte den Mund. – Das habe ich mir gedacht: Der ganze Rachen ist rot.

Kirstin: Darf ich damit arbeiten gehen?

Dr. Jansen: Nein, Frau Müller. Jetzt müssen Sie sich schonen. Zwei, drei Tage Bettruhe – und es geht Ihnen schon viel besser. Ich verschreibe Ihnen noch ein paar Medikamente.

Kirstin: Und bis wann schreiben Sie mich krank?

Dr. Jansen: Heute ist Dienstag. Also erst einmal für den Rest der Woche. Kommen Sie bitte am Montag wieder. Dann untersuche ich Sie noch einmal.

Kirstin: Vielen Dank, Dr. Jansen. Auf Wiedersehen!

Dr. Jansen: Auf Wiedersehen, Frau Müller – und gute Besserung!

Deutsch-Wissen

Zeichensetzung

Es gibt verschiedene Satzzeichen, zum Beispiel:

. = Punkt: *Ich gehe ins Kino.*
Der Punkt steht am Ende eines Satzes (z. B. eines Aussagesatzes).
Es ist ein Satzschlusszeichen.

, = Komma: *Das Kind legt sich ins Bett, weil es müde ist.*
Das Komma trennt Satzteile voneinander. Es trennt auch z. B. Wörter
einer Aufzählung: *Seine Hobbys sind Tanzen, Fußballspielen,
Klavierspielen, Badminton und am Computer spielen.*

! = Ausrufezeichen: *Sei bitte leise!*
Ein Ausrufezeichen setzt man bei einer Aufforderung oder einem Ausruf.
Es ist ein Satzschlusszeichen.

? = Fragezeichen: *Hast du Hunger?*
Mit einem Fragezeichen beendet man einen Fragesatz. Es ist ein
Satzschlusszeichen.

: = Doppelpunkt: *Die Mutter kauft ein: Eier, Butter, Gemüse, Obst,
Zucker und Salz.* Oder: *Der Vater sagt: „Peter, bring den Müll an die
Straße."*
Der Doppelpunkt steht vor einer Aufzählung oder einer wörtlichen Rede.

„ ..." = Anführungszeichen: *Der Trainer ruft: „Streng dich an, Hussain."*
Oder: *Der Begriff „Frieden" ist für manche Menschen wohl ein Fremdwort.*
Die wörtliche Rede wird in Anführungszeichen gesetzt – und Hervor-
hebungen macht man so kenntlich.

Bei einer Begegnung oder
einem Gespräch soll eine
Kopfbedeckung abgenommen
werden.

Übung

Der Doktor heißt _____ .

Die Frau heißt _____ .

Die Frau hat _____ .

Der Doktor schaut der Frau _____ _____ _____ .

Der Rachenraum ist _____ .

Der Arzt verschreibt ihr _____ .

Die Frau soll am _____ wiederkommen.

Der Arzt wünscht der Frau _____ _____ .

Ein Gespräch

Hey Kirstin, gehst du **mit** ins Kino?

Das würde ich ja gerne. Aber **wegen** meiner Grippe kann ich leider nicht mitkommen.

Schade, **ohne** dich macht es nicht so viel Spaß.

Dank der Medizin, die der Arzt mir verschrieben hat, geht es mir bald wieder besser.

Was oder wer ist wo? – Präpositionen

Die Wörter „in, an, auf, neben, vor, zwischen, aus, im, unter, mit, wegen, ohne, dank …" sind Präpositionen (Verhältniswörter).

z. B.: Wir wohnen **in** einem Haus. Der Mann steht **auf** einem Berg.
Viele Leute stehen **an** der Theke. Oma sitzt **im** Garten.

Wir unterscheiden:

Lokale Präpositionen (Raum, Lage, Richtung) – Wo?

an, auf, bei, bis, durch, entlang, gegenüber, im, in, nach, neben, oberhalb, über, um, unter, vor, zu, zwischen

Beispiele: Das Buch liegt **auf** dem Tisch.
Die Katze schläft **unter** dem Stuhl.

Temporale Präpositionen (Zeitpunkt, Dauer) – Wann? Wie lange?

ab, an, bei, bis, in, mit, nach, seit, um, von, vor, während, zu, zwischen

Beispiele: Wir treffen uns **nach** dem Fußballspiel.
Sie tranken **während** der Halbzeitpause Tee.

Modale Präpositionen (Art und Weise) – Wie?

auf, aus, außer, bis auf, für, gegenüber, in, mit, ohne, unter, von, wider, zu

Beispiele: Sie verstand ihn **ohne** Probleme.
Die Angestellte vertrat ihrem Chef **gegenüber** eine andere Meinung.

Kausale Präpositionen (Grund, Anlass, Zweck) – Warum? Wofür?

aufgrund, betreffs, dank, durch, infolge, mit, nach, um, unter, von, vor, wegen, zu

Beispiele: Er fuhr **wegen** des Regens nicht mit dem Fahrrad.
Aufgrund seines Alters durfte er noch nicht ins Kino.

Bitte füllen Sie die Lücken mit einer Präposition:

Die Blumen sind _____ der Vase.

Kinder kommen _____ der Schule.

Das Buch liegt _____ dem Tisch.

Der Mann steht _____ dem Auto.

Sie liegt _____ der Decke.

Er lehnt sich _____ einen Baum.

Der Mann steht _____ zwei Frauen.

Die Familie steht _____ der Tür.

Der Vater spielt _____ seinem Sohn.

Höfliche Männer halten Frauen die Tür (auch die Autotür) auf.

Deutschland wird auch als das Land der Dichter und Denker bezeichnet.

Karl der Große

Kaiser

Ludwig van Beethoven

Komponist

Johann Sebastian Bach

Komponist und Kirchenmusiker

Karl Marx

Philosoph

Johann Wolfgang von Goethe

Dichter

Friedrich Schiller

Dichter

Martin Luther

Religionsreformer

Albert Einstein

Physiker

Themenkarte

Track 53

singen

Fußball spielen

fotografieren

stricken

tanzen

wandern

Skateboard fahren

Gartenarbeit

Fallschirm springen

Musik		Yoga	
Band		Basketball	
Musik-instrument		lesen	
Bassgitarre		kochen	
Rhythmus-gitarre		joggen	
Schlag-zeug		Karten spielen	
Motorrad fahren		Computer	

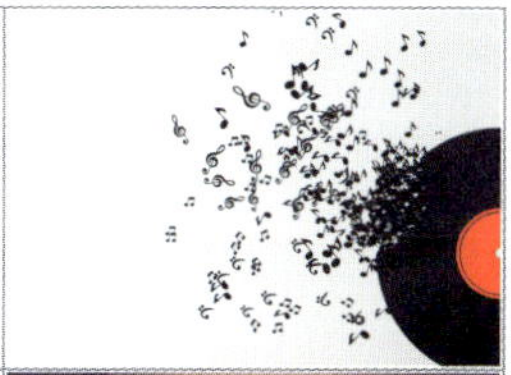

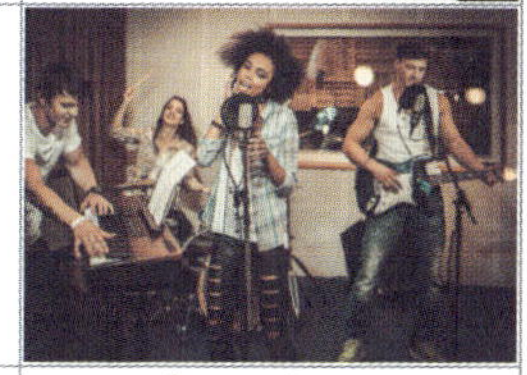

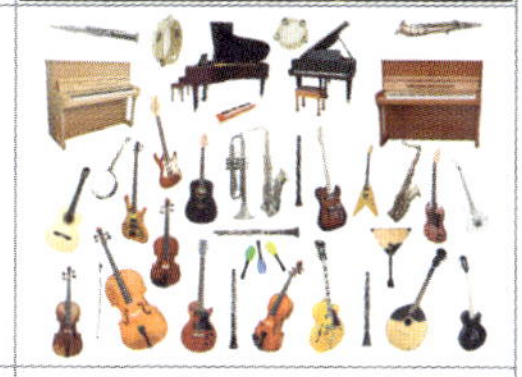

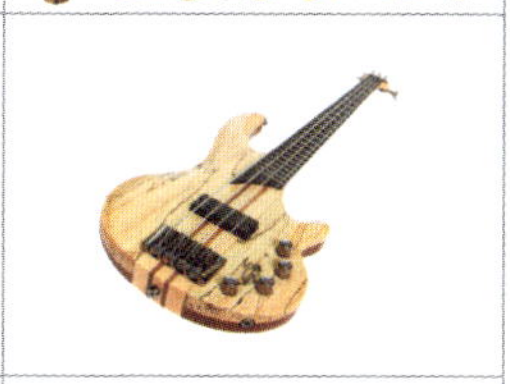

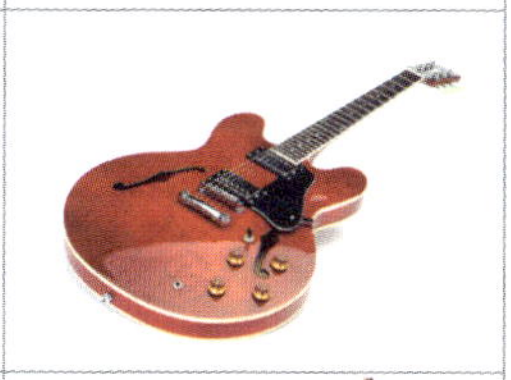

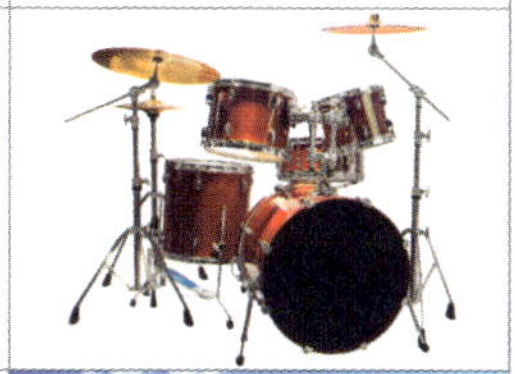

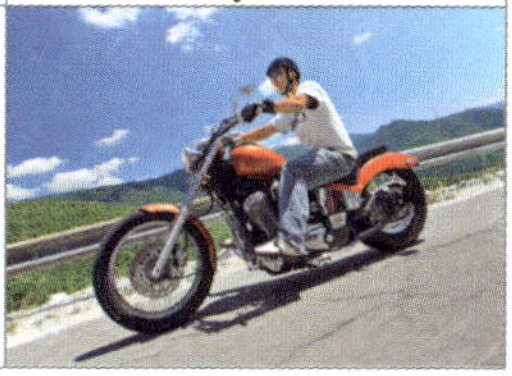

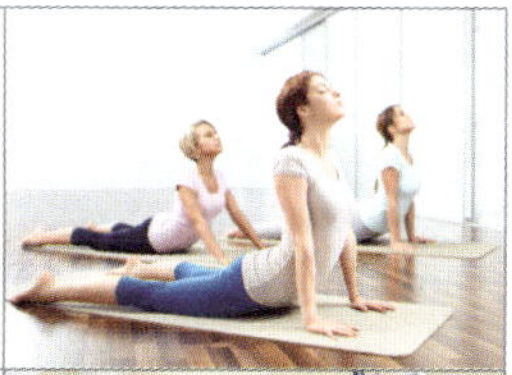

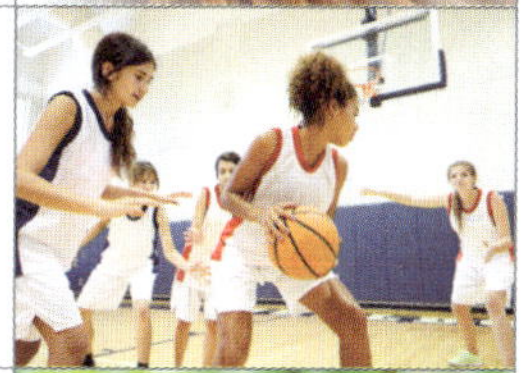

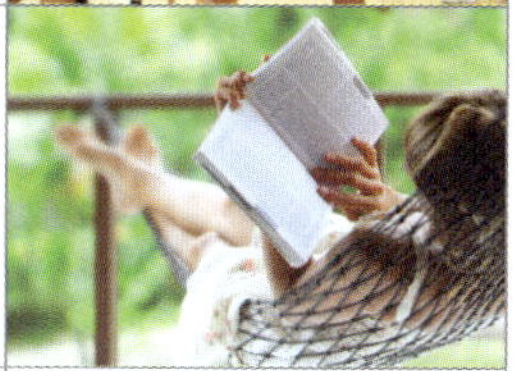

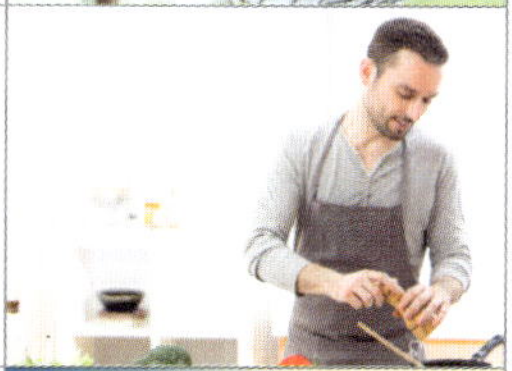

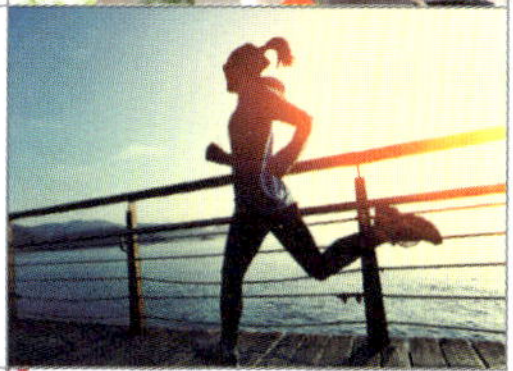

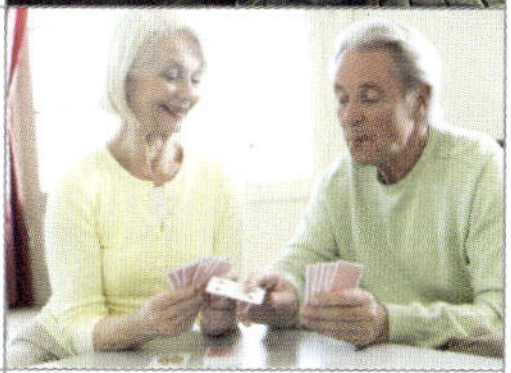

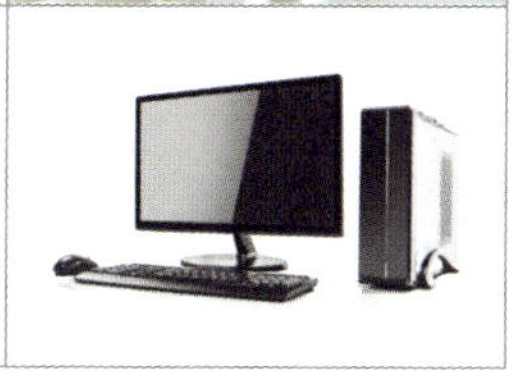

Hast du ein Hobby?

Ja, Musik. Ich singe in einer Band.

Welche Musik macht ihr?

Ach, Verschiedenes: Rock, Pop, Folk, ein bisschen Jazz.

Cool, ich mache auch Musik.

Welche Musik?

Am liebsten Heavy Metal.

Spielst du ein Instrument?

Ja, ich spiele Bass, aber auch Rhythmusgitarre und ein bisschen Schlagzeug.

Toll, ich kann nur singen.

Das aber bestimmt ganz toll. Singst du mir mal was vor?

Echt? Soll ich? Was willst du denn hören?

Such dir was aus.

Patrick spielt Fußball.
Kirstin singt gerne.
Ulima fotografiert Landschaften.
Tine strickt in ihrer Freizeit.
Rita tanzt in einer Gruppe.
Thomas spielt am liebsten am Computer.
Omar liest gerne Märchen.
Bernd kocht am Wochenende für die ganze Familie.
Oma Gertrud spielt Karten.
Opa Fritz fährt Motorrad.
Natascha macht Yoga.
Asifa spielt Basketball.

Deutsch-Wissen

Regel: Verben und Adjektive werden grundsätzlich klein geschrieben.

Aber: Wenn sie zum Nomen (Substantiv) werden, schreibt man sie groß: z. B. Kirstin **singt** gerne. Das **Singen** macht ihr Spaß.
Die Kinder **lachen.** Das **Lachen** ist sehr laut.

Die Antwort ist **richtig.**   –   Es ist das **Richtige.**
Die Blume ist **blau.**   –   Das **Blau** in ihren Augen gefällt mir.

Deutschland-Info: Sport

Track 57

Fußball ist die beliebteste Sportart in Deutschland. Etwa 6 ½ Millionen Menschen sind Mitglied in einem Fußballverein. Das sind rund 8 % der Bevölkerung. Die deutsche Fußballnationalmanschaft wurde schon vier Mal Fußballweltmeister: 1954, 1974, 1990 und 2014. Deutschland ist auch eine sehr erfolgreiche Wintersportnation. Bei Sportwettbewerben mit anderen Ländern werden die Nationalhymnen gespielt. Den Text der Deutschland-Hymne finden Sie auf S. 109.

Fußball

Handball

Leichtathletik

Biathlon

Skispringen

Radsport

deutsche Nationalhymne

Einigkeit und Recht und Freiheit
für das deutsche Vaterland!
Danach lasst uns alle streben
brüderlich mit Herz und Hand!
Einigkeit und Recht und Freiheit
sind des Glückes Unterpfand:

|: Blüh im Glanze dieses Glückes,
blühe, deutsches Vaterland! :|

Lösungen

Kapitel 1
zu S. 32:

	🙂	🙁
Die Familie kommt aus Aleppo.	✓	
Aleppo ist eine Stadt in Syrien.	✓	
Hans hat zwei Enkelkinder.		✓
Sein Sohn ist 28 Jahre alt.		✓
Seine Tochter ist 22 Jahre alt.	✓	
Seine Schwiegertochter ist 35 Jahre alt.		✓

Kapitel 2
zu S. 36:

- der Regenschirm, der Kellner, das Sofa
- die Schule, der Busfahrer, das Bild
- die Wolken, der Zug, der Computer
- das Geld, die Lampe, das Klavier
- das Rad, der Koffer, das Papier
- das Obst, der Schreibtisch, der Bleistift
- der Geburtstag, die Straße, das Pferd
- der Pass, der Wald, der Rucksack

zu S. 38:

- das Pferd, der Regenschirm, die Familie
- der Großvater, der Rucksack, der Kellner
- das Klavier, der Bruder, der Wald
- der Koffer, die Lampe, der Bleistift

zu S. 39:
Bestimmte Artikel.

der Mann	**der** Junge
die Frau	**die** Schwester
das Kind	**der** Mensch
das Mädchen	**die** Großmutter
der Großvater	**der** Bruder
die Freundin	**das** Haus

Unbestimmte Artikel:

ein Mann	**ein** Junge
eine Frau	**eine** Schwester
ein Kind	**ein** Mensch
ein Mädchen	**eine** Großmutter
ein Großvater	**ein** Bruder
eine Freundin	**das** Haus

Kapitel 4
zu S. 49:

Einen Brief schreiben.

Ein Buch lesen.

Mit dem Zug fahren.

An der Kasse bezahlen.

Auf der Leiter stehen.

Im Kino sitzen.

Eine Wand anstreichen.

Im Bett liegen.

Das Essen servieren.

Auf den Bus warten.

zu S. 50:

- Ich **schreibe**

  Du **schreibst**

  Er **schreibt**

  Sie **schreibt**

  Es **schreibt**

  Wir **schreiben**

  Ihr **schreibt**

  Sie **schreiben**

- Ich **sage**

  Du **sagst**

  Er **sagt**

  Sie **sagt**

  Es **sagt**

  Wir **sagen**

  Ihr **sagt**

  Sie **sagen**

zu S. 51:

- Ich **wohne** in Berlin.
  Du **wohnst** in Berlin.
  Er **wohnt** in Berlin.
  Sie **wohnt** in Berlin.
  Wir **wohnen** in Berlin.
  Ihr **wohnt** in Berlin.
  Sie **wohnen** in Berlin.

- Ich **singe** ein Lied.
  Du **singst** ein Lied.
  Er **singt** ein Lied.
  Sie **singt** ein Lied.
  Es **singt** ein Lied.
  Wir **singen** ein Lied.
  Ihr **singt** ein Lied.
  Sie **singen** ein Lied.

- Ich **liege** im Bett.
  Du **liegst** im Bett.
  Er **liegt** im Bett.
  Sie **liegt** im Bett.
  Es **liegt** im Bett.
  Wir **liegen** im Bett.
  Ihr **liegt** im Bett.
  Sie **liegen** im Bett.

- Ich **lerne** Deutsch.
  Du **lernst** Deutsch.
  Er **lernt** Deutsch.
  Sie **lernt** Deutsch.
  Es **lernt** Deutsch.
  Wir **lernen** Deutsch.
  Ihr **lernt** Deutsch.
  Sie **lernen** Deutsch.

zu S. 52:

Ich **schlafe** in meinem Bett.
Du **schläfst** in meinem Bett.
Er **schläft** in meinem Bett.
Sie **schläft** in meinem Bett.
Es **schläft** in meinem Bett.
Wir **schlafen** in meinem Bett.
Ihr **schlaft** in meinem Bett.
Sie **schlafen** in meinem Bett.

zu S. 53:

Ich **habe** in meinem Bett **geschlafen.**
Du **hast** in meinem Bett **geschlafen.**
Er **hat** in meinem Bett **geschlafen.**
Sie **hat** in meinem Bett **geschlafen.**
Es **hat** in meinem Bett **geschlafen.**
Wir **haben** in meinem Bett **geschlafen.**
Ihr **habt** in meinem Bett **geschlafen.**
Sie **haben** in meinem Bett **geschlafen.**

zu S. 54:

Ich **werde** im Bett **schlafen.**
Du **wirst** im Bett **schlafen.**
Er **wird** im Bett **schlafen.**
Sie **wird** im Bett **schlafen.**
Es **wird** im Bett **schlafen.**
Wir **werden** im Bett **schlafen.**
Ihr **werdet** im Bett **schlafen.**
Sie **werden** im Bett **schlafen.**

zu S. 55:

Ich **bezahle** das Getränk.
Du **bezahlst** das Getränk.
Er **bezahlt** das Getränk.
Sie **bezahlt** das Getränk.
Es **bezahlt** das Getränk.
Wir **bezahlen** das Getränk.
Ihr **bezahlt** das Getränk.
Sie **bezahlen** das Getränk.

Ich **werde** ein Brot **einkaufen.**
Du **wirst** ein Brot **einkaufen.**
Er **wird** ein Brot **einkaufen.**
Sie **wird** ein Brot **einkaufen.**
Es **wird** ein Brot **einkaufen.**
Wir **werden** ein Brot **einkaufen.**
Ihr **werdet** ein Brot **einkaufen.**
Sie **werden** ein Brot **einkaufen.**

Ich **habe** den Fahrschein **bezahlt.**
Du **hast** den Fahrschein **bezahlt.**
Er **hat** den Fahrschein **bezahlt.**
Sie **hat** den Fahrschein **bezahlt.**
Es **hat** den Fahrschein **bezahlt.**
Wir **haben** den Fahrschein **bezahlt.**
Ihr **habt** den Fahrschein **bezahlt.**
Sie **haben** den Fahrschein **bezahlt.**

Ich **habe getanzt.**
Du **hast getanzt.**
Er **hat getanzt.**
Sie **hat getanzt.**
Es **hat getanzt.**
Wir **haben getanzt.**
Ihr **habt getanzt.**
Sie **haben getanzt.**

zu S. 56:

1. Jan liest ein Buch.
2. Katrin wandert gerne.
3. Sie schreibt ihm eine lange Mail.
4. Die Kinder lachen über den Film.
5. Das Kind kämmt das Haar seiner Puppe.
6. Alle freuen sich auf den Urlaub.
7. Die Familie fährt mit dem Auto.
8. Der Hai schwimmt im Meer.
9. Der kleine Paul spielt mit Puppen.
10. Am Tor bellt der Hund.
11. Eine Frau dirigiert das Orchester.
12. Mutter backt gerne Kuchen.
13. Alle hören dem alten Mann zu.
14. Die Kinder essen gerne Pommes frites.
15. Der Vater arbeitet sehr hart.

Kapitel 5
zu S. 62:

Ich kaufe eine Waschmaschine.
Ich kaufe ein Handy.
Ich kaufe einen Kühlschrank.
Ich kaufe eine Mikrowelle.
Ich kaufe ein Fahrrad.

zu S. 63:

das Brot, der Stuhl, die Mülltonne
die Kaffeemaschine, der Baum, der Koffer
die Mütze, die Hose, der Kleiderbügel

zu S. 64/65:

 der Teller

 der Toaster

 das Besteck

 die Kaffeemaschine

 die Mikrowelle

 der Stuhl

 die Spülmaschine

 der Elektroherd

 der Kühlschrank

zu S. 66:

Der Staubsauger saugt den Staub.
Das Radio spielt Musik.
Die Spülmaschine spült das Geschirr.
Der Toaster toastet das Brötchen.
Die Kaffeemaschine kocht Kaffee.
Der Backofen backt Kuchen.
Der Kühlschrank kühlt Essen und Getränke.
Der Hund läuft fort.
Der Teppich liegt auf dem Fußboden.
Das Foto zeigt Oma und Opa.
Der Rasenmäher mäht den Rasen.

zu S. 68/69

 die Erbsen

 die Tomaten

 die Rose

 die Lilien

 die Kirschen

der Apfel

die Buche

 die Erdbeeren

 der Salat

zu S. 70:

die Tulpe	die Tulpen
der Apfel	die Äpfel
die Eichel	die Eicheln
die Erdbeere	die Erdbeeren
die Tomate	die Tomaten
die Lilie	die Lilien
der Kopfsalat	die Kopfsalate
die Gurke	die Gurken
die Himbeere	die Himbeeren
die Buchecker	die Bucheckern
die Nelke	die Nelken
die Heidelbeere	die Heidelbeeren
die Kastanie	die Kastanien
die Möhre	die Möhren
die Kirsche	die Kirschen

zu S. 72:
Gemüse und Salat: Tomaten, Kopfsalat, Gurken, Möhren
Obst: Äpfel, Erdbeeren, Himbeeren, Heidelbeeren, Kirschen
Blumen: Rose, Tulpen, Lilien, Nelken
Bäume: Eiche, Buche (Bucheckern), Kastanie

zu S. 74:
Das Auto ist rot.
Die Heidelbeeren sind blau.
Der Pullover ist grün.
Das Kleid ist schwarz.
Die Mütze ist grau.
Die Tomaten sind rot.
Das Buch ist gelb.

zu S. 75

eine gelbe Banane

ein grüner Apfel

ein gestreiftes Zebra

ein weißes Pferd

eine rote Bere

eine bunte Blume

ein kleines Kind

ein langer Mantel

ein großes Haus

ein schneller Läufer

zu S. 76 / 77:

 der Sessel

 der Couchtisch

 der Fernseher

 das Bild

 das Sideboard

 das Sofa

zu S. 78:

Die **Bilder** hängen an der Wand.
Sie fährt mit dem **Auto** zur **Arbeit**.
Die **Kinder** spielen auf der **Wiese**.
Es war das **Portmonee** des Mannes.
Frau **Meier** kauft ein.
Sie wohnt in **Düsseldorf**.

zu S. 79:

der Tisch	die Tische
die Lampe	die Lampen
das Tor	die Tore
der Hund	die Hunde
das Fahrrad	die Fahrräder
der Garten	die Gärten
die Bluse	die Blusen
die Blume	die Blumen
die Lehrerin	die Lehrerinnen
das Auto	die Autos
der Raum	die Räume
das Tal	die Täler
die Burg	die Burgen
die Katze	die Katzen
die Ärztin	die Ärztinnen
das Rathaus	die Rathäuser
das Hotel	die Hotels
der Polizist	die Polizisten

zu S. 81:

1. Fall: der Hund	1. Fall: der Ball
2. Fall: des Hundes	2. Fall: des Balles
3. Fall: dem Hund	3. Fall: dem Ball
4. Fall: den Hund	4. Fall: den Ball

1. Fall: der Tisch	1. Fall: der Garten
2. Fall: des Tisches	2. Fall: des Gartens
3. Fall: dem Tisch	3. Fall: dem Garten
4. Fall: den Tisch	4. Fall: den Garten

1. Fall: der Baum	1. Fall: der Spieler
2. Fall: des Baumes	2. Fall: des Spielers
3. Fall: dem Baum	3. Fall: dem Spieler
4. Fall: den Baum	4. Fall: den Spieler

zu S. 82:

1. Fall: die Katze	1. Fall: die Tür
2. Fall: der Katze	2. Fall: der Tür
3. Fall: der Katze	3. Fall: der Tür
4. Fall: die Katze	4. Fall: die Tür

1. Fall: die Tasche	1. Fall: die Uhr
2. Fall: der Tasche	2. Fall: der Uhr
3. Fall: der Tasche	3. Fall: der Uhr
4. Fall: die Tasche	4. Fall: die Uhr

1. Fall: die Zeitung	1. Fall: die Kappe
2. Fall: der Zeitung	2. Fall: der Kappe
3. Fall: der Zeitung	3. Fall: der Kappe
4. Fall: die Zeitung	4. Fall: die Kappe

zu S. 83:

1. Fall: das Auto	1. Fall: das Pferd
2. Fall: des Autos	2. Fall: des Pferdes
3. Fall: dem Auto	3. Fall: dem Pferd
4. Fall: das Auto	4. Fall: das Pferd

1. Fall: das Radio	1. Fall: das Gesicht
2. Fall: des Radios	2. Fall: des Gesichtes
3. Fall: dem Radio	3. Fall: dem Gesicht
4. Fall: das Radio	4. Fall: das Gesicht

1. Fall: das Auge	1. Fall: das Raumschiff
2. Fall: des Auges	2. Fall: des Raumschiffes
3. Fall: dem Auge	3. Fall: dem Raumschiff
4. Fall: das Auge	4. Fall: das Raumschiff

zu S. 84:

1. Fall: die Fahrkarte	1. Fall: die Bücherei
2. Fall: der Fahrkarte	2. Fall: der Bücherei
3. Fall: der Fahrkarte	3. Fall: der Bücherei
4. Fall: die Fahrkarte	4. Fall: die Bücherei

1. Fall: der Sportplatz	1. Fall: das Kinderzimmer
2. Fall: des Sportplatzes	2. Fall: des Kinderzimmers
3. Fall: dem Sportplatz	3. Fall: dem Kinderzimmer
4. Fall: den Sportplatz	4. Fall: das Kinderzimmer

zu S. 85

	das Haus	die Tür	die Haustür
	die Reise	der Pass	der Reisepass
	der Zug	die Fahrt	die Zugfahrt
	der Tisch	die Decke	die Tischdecke
	die Tomaten	der Salat	der Tomatensalat
	der Regen	der Schirm	der Regenschirm
	Wander(n)	die Schuhe	die Wanderschuhe
	Back(en)	der Ofen	der Backofen
	Wohn(en)	das Haus	das Wohnhaus
	Lauf(en)	die Schuhe	die Laufschuhe
	Trink(en)	die Flasche	die Trinkflasche
	Schwimm(en)	die Weste	die Schwimmweste

Kapitel 8

zu S. 100

Der Doktor heißt **Dr. Jansen**.
Die Frau heißt **Kirstin Müller**.
Die Frau hat **Kopfschmerzen**.
Der Doktor schaut der Frau **in den Mund**.
Der Rachenraum ist **rot**.
Der Arzt verschreibt ihr **Medikamente**.
Die Frau soll am **Montag** wiederkommen.
Der Arzt wünscht der Frau **gute Besserung**.

zu S. 102

Die Blumen sind **in** der Vase.
Kinder kommen **aus** der Schule.
Das Buch liegt **auf** dem Tisch.
Der Mann steht **neben** dem Auto.
Sie liegt **unter** der Decke.
Der Junge lehnt sich **an** einen Baum.
Der Mann steht **zwischen** zwei Frauen.
Die Familie steht **in** der Tür.
Der Vater spielt **mit** seinem Sohn.

Für ein friedliches Miteinander aller Menschen –
ohne Hass, Krieg und Verfolgung!

To a peaceful coexistence of all people –
without hatred, war and persecution!

Pour le droit de vivre sans peur, guerre
et répression, dans un climat d'égalité!

Shutterstock.com (Fernseher), **S. 34, 62**: © Fotocrisis / Shutterstock.com (Waschmaschine), **S. 34, 61, 62, 65**: © Hurst Photo / Shutterstock.com (Mikrowelle), **S. 34**: © Georgejmclittle / Shutterstock.com (Computer), **S. 34**: © Diana Hlevnjak / Shutterstock.com (Computerspiel), **S. 34, 46, 62, 65, 67**: © ppart / Shutterstock.com (Kühlschrank), **S. 35**: © Antonov Roman / Shutterstock.com (Hände schütteln), **S. 35**: © rzarek / Shutterstock.com (Notizzettel), **S. 36, 38, 89**: © Iakov Filimonov / Shutterstock.com (Kellner), **S. 36, 38**: © Everything / Shutterstock.com (Lampe), **S. 36, 38, 85**: © ajt / Shutterstock.com (Regenschirm), **S. 36, 46, 77, 113**: © Baloncici / Shutterstock.com (Sofa), **S. 36**: © iotr Wawrzyniuk / Shutterstock.com (Schule), **S. 36**: © vseb / Shutterstock.com (Busfahrer), **S. 36, 67, 77**: © Halfpoint / Shutterstock.com (Bild), **S. 36**: © Oleksiy Mark / Shutterstock.com (Zug), **S. 37, 38, 63**: © Chamille White / Shutterstock.com (Koffer), **S. 37, 38, 63**: © Hayati Kayhan / Shutterstock.com (Bleistift), **S. 37, 38**: © Venus Angel / Shutterstock.com (Rucksack), **S. 37, 38**: © Abramova Kseniya / Shutterstock.com (Pferd), **S. 37**: © Nuttapong / Shutterstock.com (Papier), **S. 37**: © terekhov igor / Shutterstock.com (Schreibtisch), **S. 37**: © Africa Studio / Shutterstock.com (Geburtstag), **S. 37**: © Iakov Kalinin / Shutterstock.com (Straße), **S. 37, 85**: © Kaesler Media / Shutterstock.com (Pass), **S. 40**: © OPIS Zagreb / Shutterstock.com (Aleppo), **S. 40**: © Nate Derrick / Shutterstock.com (Kandahar-Gebirge), **S. 40**: © Sadik Gulec / Shutterstock.com (Burg Arbil), **S. 40**: © Matej Hudovernik / Shutterstock.com (Dahlak Insel), **S. 40**: © Naiyyer / Shutterstock.com (Badshahi Moschee), **S. 40**: © Wead / Shutterstock.com (Karte Syrien), **S. 41**: © Stock-Asso / Shutterstock.com (Flucht), **S. 41**: © BPTU / Shutterstock.com (Krieg), **S. 41**: © Suzanne Tucker / Shutterstock.com (Hunger), **S. 41**: © saiko3p / Shutterstock.com (Armut), **S. 41**: © Nicha / Shutterstock.com (Schiff), **S. 41**: © Rafal Olechowski / Shutterstock.com (zu Fuß), **S. 42**: © vipman / Shutterstock.com (Papier), **S. 42**: © donatas1205 / Shutterstock.com (Hintergrund), **S. 43**: © iravgustin / Shutterstock.com (Hintergrund), **S. 44**: © majeczka / Shutterstock.com (Haus), **S. 44**: © Touraille / Shutterstock.com (Hochhaus), **S. 44**: © Lena Ivanova / Shutterstock.com (Villa), **S. 44**: © Johnny Habell / Shutterstock.com (Wohnung), **S. 44**: © Joe Gough / Shutterstock.com (Küche), **S. 44**: © MR. INTERIOR / Shutterstock.com (Wohnzimmer), **S. 44**: © Photographee.eu / Shutterstock.com (Schlafzimmer), **S. 44**: © Breadmaker / Shutterstock.com (Kinderzimmer), **S. 44**: © Iriana Shiyan / Shutterstock.com (Badezimmer), **S. 45**: © jocic / Shutterstock.com (Toilette), **S. 45**: © pics721 / Shutterstock.com (Flur), **S. 45**: © Cebas / Shutterstock.com (Balkon), **S. 45**: © Juli Hansen / Shutterstock.com (Terrasse), **S. 45**: © Elena Elisseeva / Shutterstock.com (Garten), **S. 45**: © David Hughes / Shutterstock.com (Wintergarten), **S. 45**: © Delpixel / Shutterstock.com (Dachboden), **S. 45**: © Akos Nagy / Shutterstock.com (Keller), **S. 45**: © miroha141 / Shutterstock.com (Garage), **S. 46**: © Seregam / Shutterstock.com (Bücher), **S. 46, 63, 64**: © DJ Srki / Shutterstock.com (Stuhl), **S. 46, 76**: © Paul Maguire / Shutterstock.com (Sessel), **S. 46**: © terekhov igor / Shutterstock.com (Schrank), **S. 46**: © donatas1205 / Shutterstock.com (Tisch), **S. 46, 67**: © Michael Kraus / Shutterstock.com (Teppich), **S. 46, 78**: © Banana Republic images / Shutterstock.com (Bilder), **S. 46**: © Joe Gough / Shutterstock.com (Spüle), **S. 46, 65, 67, 85**: © John Kasawa / Shutterstock.com (Elektroherd), **S. 46**: © AnnaIA / Shutterstock.com (Küchentisch), **S. 46**: © photobank.ch / Shutterstock.com (Zimmer), **S. 46**: © Piotr Marcinski / Shutterstock.com (Miete), **S. 48**: © Viorel Sima / Shutterstock.com (gehen), **S. 48, 105**: © lzf / Shutterstock.com (laufen, joggen), **S. 48**: © Ollyy / Shutterstock.com (sprechen), **S. 48**: © file404 / Shutterstock.com (hören), **S. 48**: © A. and I. Kruk / Shutterstock.com (schreiben), **S. 48**: © Malija / Shutterstock.com (weinen), **S. 48, 87**: © Monkey Business Images / Shutterstock.com (backen), **S. 48**: © Sergey Mironov / Shutterstock.com (kochen), **S. 48**: © Goodluz / Shutterstock.com (trinken), **S. 48**: © solominviktor / Shutterstock.com (essen), **S. 48, 52, 105**: © Dudarev Mikhail / Shutterstock.com (lesen), **S. 48**: © Ollyy / Shutterstock.com (lachen), **S. 49**: © Zoltan Zempleni / Shutterstock.com (Brief schreiben), **S. 49**: © Aleksandar Mijatovic / Shutterstock.com (Buch lesen), **S. 49, 85**: © l i g h t p o e t / Shutterstock.com (Zug fahren), **S. 49**: © Nejron Photo / Shutterstock.com (bezahlen), **S. 49**: © wavebreakmedia / Shutterstock.com (auf Leiter steigen), **S. 49**: © d13 / Shutterstock.com (im Kino), **S. 49**: © wavebreakmedia / Shutterstock.com (Wand streichen), **S. 49**: © wavebreakmedia / Shutterstock.com (im Bett liegen), **S. 49, 89**: © Iakov Filimonov / Shutterstock.com (Essen servieren, Gast), **S. 49**: © Monkey Business Images / Shutterstock.com (auf Bus warten), **S. 51, 104**: © Ollyy / Shutterstock.com (Frau singt), **S. 53**: © Antonio Guillem / Shutterstock.com (Frau), **S. 54**: © KPG Payless2 / Shutterstock.com (Frau), **S. 56**: © Ollyy / Shutterstock.com (essen), **S. 56**: © Syda Productions / Shutterstock.com (lesen), **S. 56**: © My Good Images / Shutterstock.com (wandern), **S. 56**: © Nonwarit / Shutterstock.com (E-Mail schreiben), **S. 56**: © Karramba Production / Shutterstock.com (Kinder im Kino), **S. 56**: © Pavel L Photo and Video / Shutterstock.com (Puppe Haare kämmen), **S. 56, 63**: © arek_malang / Shutterstock.com (Frau freut sich), **S. 56**: © Monkey Business Images / Shutterstock.com (Familie fährt Auto), **S. 57**: © Shane Gross / Shutterstock.com (Hai), **S. 57**: © MNStudio / Shutterstock.com (Kind mit Kinderwagen), **S. 57**: © Liukov / Shutterstock.com (Hund am Tor), **S. 57**: © Tyler Olson / Shutterstock.com (zuhören), **S. 57**: © BestPhotoStudio / Shutterstock.com (Kind mit Pommes), **S. 57**: © Halfpoint / Shutterstock.com (Vater und Sohn), **S. 58**: © LongQuattro / Shutterstock.com (Fußspuren), **S. 58**: © Whatafoto / Shutterstock.com (Brandenburger Tor), **S. 58**: © Mikhail Markovskiy / Shutterstock.com (Kölner Dom), **S. 58**: © bluecrayola / Shutterstock.com (Wartburg), **S. 58**: © PHOTOSVIT / Shutterstock.com (Lüneburger Heide), **S. 58**: © Sabine Schmidt / Shutterstock.com (Kreidefelsen), **S. 58**: © Markus Gann / Shutterstock.com (Zugspitze), **S. 58 / 59**: © leungchopan / Shutterstock.com (Papier-Schnipsel), **S. 58 / 59**: © Sutichak Yachiangkham / Shutterstock.com (Hintergrund), **S. 59**: © mije_shots / Shutterstock.com (Völkerschlachtdenkmal), **S. 59**: © phoelix / Shutterstock.com (Go-ethe-und-Schiller-Denkmal), **S. 59**: © Takashi Images / Shutterstock.com (Baumkronenpfad), **S. 59, 77**: © Oliver Hoffmann / Shutterstock.com (Timmendorfer Strand), **S. 59**: © Cloud Mine Amsterdam / Shutterstock.com (Wattenmeer), **S. 59**: © PlusONE / Shutterstock.com (Rothenburg), **S. 59**: © Tiberiu Stan / Shutterstock.com (Schloss Neuschwanstein), **S. 59**: © GorillaAttack / Shutterstock.com (Bodensee), **S. 60**: © 06photo / Shutterstock.com (einkaufen), **S. 60**: © Andrey Eremin / Shutterstock.com (Kartoffeln), **S. 60**: © Lotus Images / Shutterstock.com (Kohlrabi), **S. 60, 69**: © Maceofoto / Shutterstock.com (Kopfsalat), **S. 60, 68, 70, 73, 74**: © Elovich / Shutterstock.com (Tomaten), **S. 60**: © design56 / Shutterstock.com (Salatsoße), **S. 60**: © charnsitr / Shutterstock.com (Wasserflaschen), **S. 60**: © Africa Studio / Shutterstock.com (Salz, Pfeffer), **S. 60**: © Photography-ByMK / Shutterstock.com (zehn Euro), **S. 60**: © Asaf Eliason / Shutterstock.com (50 Cent), **S. 61**: © Dmitry Kalinovsky / Shutterstock.com (Kassiererin), **S. 61**: © Aleph Studio / Shutterstock.com (Kasse), **S. 61**: © Ozgur Coskun / Shutterstock.com (Handtücher), **S. 61**: © Iakov Filimonov / Shutterstock.com (Schmuck), **S. 61**: © monticello / Shutterstock.com (Lebensmittel), **S. 61**: © In Green / Shutterstock.com (Tasche), **S. 61**: © Africa Studio / Shutterstock.com (Einkaufswagen), **S. 61**: © irin-k / Shutterstock.com (Obst, Zeug), **S. 61**: © Pecnuvit / Shutterstock.com (Wäsche), **S. 61**: © nevodka / Shutterstock.com (Kosmetik), **S. 61**: © monika3steps / Shutterstock.com (Kleidung), **S. 62**: © Mega Pixel / Shutterstock.com (Spaten), **S. 62**: © Iasha / Shutterstock.com (T-Shirt), **S. 63**: © Jochen Schoenfeld / Shutterstock.com (Trauer), **S. 63**: © Ollyy / Shutterstock.com (Wut), **S. 63**: © rangizzz / Shutterstock.com (Mülltonne), **S. 63, 65, 66**: © Hurst Photo / Shutterstock.com (Kaffeemaschine), **S. 63**: © Zerbor / Shutterstock.com (Baum), **S. 63, 74**: © TerraceStudio / Shutterstock.com (Mütze), **S. 63**: © robert_s / Shutterstock.com (Jeans), **S. 63**: © 5 / Shutterstock.com (Kleiderbügel), **S. 64**: © urfin / Shutterstock.com (Teller), **S. 64**: © kritskaya / Shutterstock.com (Besteck), **S. 64, 66**: © ppart / Shutterstock.com (Spülmaschine), **S. 64 / 65**: © MR. INTERIOR / Shutterstock.com (Küche), **S. 65, 66**: © Johrf Kasawa / Shutterstock.com (Toaster), **S. 66**: © ifong / Shutterstock.com (Flugzeug), **S. 66**: © Tatiana Popova / Shutterstock.com (Staubsauger), **S. 66**: © GorillaAttack / Shutterstock.com (Radio), **S. 67**: © Eric Isselee / Shutterstock.com (Hund), **S. 67**: © Ruslan Guzov / Shutterstock.com (Großeltern), **S. 67**: © Hurst Photo / Shutterstock.com (Rasenmäher), **S. 68**: © Hannamariah / Shutterstock.com (Hochbeet), **S. 68**: © Valentyn Volkov / Shutterstock.com (Erbsen), **S. 68**: © Evgeny Karandaev / Shutterstock.com (Lilien), **S. 68 / 69**: © 1000 Words / Shutterstock.com (Garten), **S. 69**: © Nancy Kennedy / Shutterstock.com (Buchenblätter), **S. 69**: © Aleksey Troshin / Shutterstock.com (Kirschen), **S. 69**: © topseller / Shutterstock.com (Apfel), **S. 69**: © Ewais / Shutterstock.com (Blumen), **S. 69, 70, 73**: © Valentyn Volkov / Shutterstock.com (Erdbeeren), **S. 70**: © Kisialiou Yury / Shutterstock.com (Tulpen), **S. 70**: © Maks Narodenko / Shutterstock.com (Äpfel), **S. 70**: © Dionisvera / Shutterstock.com (Eicheln), **S. 70**: © Evgeny Karandaev / Shutterstock.com (Lilien), **S. 70, 73**: © Volosina / Shutterstock.com (Salat), **S. 71, 73**: © Viktar Malyshchyts / Shutterstock.com (Gurken), **S. 71**: © Dionisvera / Shutterstock.com (Himbeeren), **S. 71**: © Pavel Kovacs / Shutterstock.com (Bucheckern), **S. 71, 73**: © Kelvin Wong / Shutterstock.com (Nelken), **S. 71, 73, 74**: © Maks Narodenko / Shutterstock.com (Heidelbeeren), **S. 71**: © D7INAMI7S / Shutterstock.com (Kastanie), **S. 71**: © Dionisvera / Shutterstock.com (Möhren), **S. 71, 73, 74**: © Dionisvera / Shutterstock.com (Kirschen), **S. 72**: © aekikuis / Shutterstock.com (Farbkreis), **S. 73**: © Deep OV / Shutterstock.com (Kartoffeln), **S. 73**: © Kaspri / Shutterstock.com (Hortensien), **S. 73**: © Dionisvera / Shutterstock.com (Brombeeren), **S. 73**: © Diana Taliun / Shutterstock.com (Spargel), **S. 74**: © Alexander Kalina / Shutterstock.com